JO, ARBERT BERNAT

SENYOR DEL CASTELL DE LLIÇÀ

Marta Abelló

Obra guanyadora
del XIX Premi del Consell Comarcal
de Narrativa del Vallès Oriental

Jo, Arbert Bernat. Senyor del Castell de Lliçà.

© Marta Abelló Saura.
Edita: Bubok Publishing, S.L.
I.S.B.N: 978-84-9981-421-6
Dipòsit Legal: M-6562-2011
Imatge de portada: Miniatura de una lletra capitular
en un manuscrit medieval que il·lustra les tres ordres feudals.
(British Library. Manuscript nº: Sloane 2435, f.85)

NOTA PRELIMINAR:

En un document datat l'any 1.094 trobem el testament de n´ Arbert Bernat, un baró que llega el seu castell, anomenat *Castrum Licano*, al seu fill Bernat. No es poden precisar ni la data del seu origen ni els constructors ni els primers propietaris, però tot i amb aquesta manca de proves que recolzin la història, en les següents pàgines podrem veure com aquest castell del qual només hi queden unes poques restes reneix de les seves runes i torna a ser l'edificació important que era. I en quant al seu senyor, n´ Arbert Bernat, veurem gràcies a les seves pròpies paraules qui era i com vivia. Ell mateix relatarà la seva vida en un gest de retorn que ens durà a copsar el pensament d'una època, unes pors i uns dubtes que seran sempre els mateixos en tota la història de la humanitat.

Per situar més bé al lector no s'han posat en llatí els noms de poblacions importants tal i com es poden trobar a les primeres cites documentals de les poblacions del Vallès Oriental (segles X i XI). Així, per exemple, en lloc de *Palaciolo vel de Granolarios subteriores* (referència de l'any 944) trobarem Granollers, la capital de la comarca del Vallès Oriental; en lloc de *Sancti Felicis ad ipsum Fallium* (referència del 878) trobarem Sant Miquel del Fai; i en lloc de *Licano Subteriore* (referència del 946) trobarem Lliçà de Vall, avui dia poble de la comarca i aleshores un feu al marge de la Baronia de Montbui del qual era n´Arbert Bernat el senyor. S'han actualitzat també els noms propis de l'època, encara que s'han inclòs algunes expressions llatines amb la seva corresponent traducció.

I fets aquests aclariments deixem que sigui el mateix Arbert qui comenci a explicar la seva història. No hi ha ningú que pugui recolzar-la, ni hi ha cap resta de document que corrobori aquestes paraules, però... Per què no creure que les següents pàgines són una gran troballa amagada sota les que són encara restes del castell?

La vida és com una llegenda:
no importa que sigui llarga,
sinó que estigui ben narrada.

Sèneca

"Jo, Arbert Bernat, senyor del castell de Lliçà, veient proper el dia de la meva mort i amb la plena determinació de penedir-me de tots els meus pecats, m'encomano des d'ara a la voluntat i a la misericòrdia de Nostre Senyor.

I desitjant que sigui clara als ulls de Déu la veritat del meu cor i de la meva vida, rebo els darrers sagraments, i al meu jaç de mort escric tot allò que recordo; tot allò que algun dia hom llegirà amb benevolència i bona disposició..."

CASTRUM LICANO
LICANO SUBTERIORE

Any del Senyor de MXCIV

1

Els meus records comencen a desvetllar-se en una nit de pluja. Rere la finestra de la meva cambra hi ha la foscor, la tempesta. A dins hi sóc jo, malalt i vell, i amb només unes quantes ombres per companyia tracto d'escriure aquestes paraules per no haver de sentir com el temps rellisca sobre meu, com solca la meva pell.

Vaig néixer a l' hivern de l'any MXXV, un hivern rigorós com aquest que visc ara, però el foc és encès i m'arriba l'escalfor de la flama. Ara res no m'angunieja i les ombres ja em porten molts anys enrere, cap a una altra nit en que la meva dida parlava amb la seva veu tendra i suau. Tenia la intenció d'endormiscar-me i dur-me d'una vegada al jaç, però jo l'escoltava amb atenció, i més encara quan em parlava de la nit més fosca dels temps. Érem vora el foc, i jo bevia llet calenta, tranquil, sabent a la mare al llit i al pare de viatge. La Caterina m'agafava entre els seus braços i em deia que una profecia havia anunciat el final dels temps just abans d'encetar el mil·lenni. Els savis havien dit que tothom veuria com els cels s'obririen i es podrien sentir les sorolloses trompetes dels àngels. I llavors cauria una gran pedregada, i el foc es barrejaria amb la sang, i la terra i el mar cremarien en una escena esfereïdora: Perquè els estels caurien del cel, i el dia es faria nit i els plors serien tot allò que es podria sentir mentre el món seria fang, pedres i destrucció...

Persignant-se, la Caterina resava després en veu baixa:

-...Pater Noster, qui es in caelis, sanctificétur nomen tuum...

Després em deia que, malgrat tot, el plany dels homes va servir per aturar la voluntat divina, per evitar tota aquella foscúria revelada als savis. I jo m'imaginava al papa Silvestre II alçant el seu puny clos al cel demanant que el temps no s'aturés abans de l'entrada al mil·lenni, que seguís impassible la seva marxa. I així ho va fer, i la gent va sospirar alleugerida. Les mares van abraçar als seus fills i les àvies van revifar el foc per posar l'olla que havien desat. Els pagesos agafaren de nou les aixades i els soldats les espases; els ocells tornaren a piular. Els homes havien cregut finalment en la bona voluntat dels cels i en la seva pròpia i ferma fe. Cap terrible profecia ja no espantaria mai més ningú dels que van viure en aquell temps. Perquè, què pot haver de pitjor que enfrontar-se a la incertesa, a la possibilitat de que el buit ho omplís tot i la mort i el no-res regnessin sobre la terra?

Però la vida continuava, sí, i els homes eren i són els mateixos. Perquè no hi ha profecia ni por humana que faci oblidar per gaire temps la violència, la lluita per l'or, les riqueses i sobretot, el poder.

Quan jo comptava vuit anys va ser confirmada la Pau i la Treva de Déu pels bisbes, els abats, els comtes i els vescomtes que la signaren amb objecte d'aturar la violència que imperava en aquells temps. L'abat Òliba va proclamar la inviolabilitat dels béns de l´ Església i va prohibir fer la guerra des de l'hora nona del dissabte fins a primera hora del dilluns. Ningú no podia assaltar clergues ni monjos que anessin desarmats; tampoc assaltar les esglésies ni les cases situades a trenta passes, sota pena d'excomunió. S'establia que cada església consagrada estigués voltada per una àrea immune a les malifetes, creant-se així una massa densa d'edificis, la sagrera, que obligava a fer carrers interiors, cosa que va succeir també al nostre feu, formant un petit poble concentrat. Tampoc no es podia fer presa als cavalls ni a les eugues ni als ases fins a mig any; ni bous ni vaques ni vedells, ni ovelles ni tampoc cabrits es podien prendre. No es podia calar foc a les cases dels pagesos ni a les messes, ni es podien devastar les oliveres. Ningú no havia d'assaltar, despullar, ferir, abusar o matar als homes o a les dones de les viles, ni prendre'ls-hi la rella ni l'aixada, essent també sota aquesta protecció els muls i les mules junyits al jou per a la llaurada.

Poc després va accedir al poder el comte Ramon Berenguer I, que llavors comptava dotze anys, raó per la qual va haver d'exercir el govern la seva mare Ermessenda fins que ell complís els divuit. Però per la qüestió que ara m'ocupa considero més adient explicar la meva pròpia circumstància, tot allò que m'ha envoltat, les terres que m'han vist créixer. Així que començaré dient que el nostre feu, Lliçà de Vall[1], és a una jornada de Barcelona i té dos rius que el fan fèrtil, el Mardarano i el Tenes, que neix a les formoses muntanyes de la vall de Riells. El castell, l' anomenat *Castrum Licano*, té la particularitat de que és situat a la plana i va ser aixecat amb robusts murs pel meu avi Guiamó Bernat. Va ser un encertat intent de conquerir l'amor de l'àvia Amelberga mitjançant el poder i les monedes aconseguides a expedicions a Al-Àndalus.

El castell està flanquejat per quatre torres rodones. El portal amb volta dona pas al pati d'armes, des d' on s'accedeix al rebost, als estables, a la presó i al recinte per a la tropa. L'edifici principal té dues plantes i les pedres de les parets van fer-se arrebossar de calç. Les estances es van construir àmplies, com l'escala que condueix a la planta noble, on el gran saló està presidit per una llar sempre encesa. Dintre murs es troben el forn i el molí, a més d'una capella dedicada a Sant Cristòfol.

En vida del meu pare, en Bernat Ponç, ens visitava sovint en Gombau de Besora, senyor del castell de Montbui, i plegats sortien de cacera i de viatge per terres que per a mi eren tan desconegudes i misterioses com les llegendes que m'explicava la Caterina. Era un nen, aleshores, i com a tal, l'única preocupació que tenia era jugar i atendre a les lliçons que mossèn Guillem m'imposava cada tarda per ordre del meu pare, tot desitjant per a mi una educació que enaltiria el seu propi orgull i m'allunyaria de tot allò que comportava la ignorància i la manca de disciplina espiritual.

Aquells temps eren foscos i plens de violències tant protagonitzades pels senyors de la guerra com per tots aquells guiats per la mà d'aquell que viu a les tenebres. Per sort, tal i com em deia el meu preceptor, la intel·ligència i el bé vencerien com grans virtuts que eren, ja que l'estudi allunyava de les terres del pecat i la ignomínia, i així doncs, només els savis i els sants arribarien a les portes del cel. Això deia mossèn Guillem, i jo el mirava i l'escoltava sorprès per aquelles

---

[1] Licano Subteriore (referència de l'any 946)

paraules. La seva intenció era fer-me romandre unes quantes hores assegut, lluny de la influència del meu germà Arnau sempre disposat a fer-me la guitza. Feia temps que ell ja no rebia lliçons de cap mena degut a la seva manca absoluta de docilitat, d'acatament a les disciplines. Era un esperit inquiet, i com a germà gran pretenia transmetre'm tota la seva energia per viure intensament. Jo, però, no compartia aquell excessiu entusiasme, i menys encara quan aquest estava dirigit a idear malifetes contra els gossos, els ases o qualsevol de les bèsties que ens voltaven. Poc a poc, i sense quasi adonar-me'n, anava retirant la confiança que havia dipositat en l'Arnau, tot arriscant-me a arribar a ser el principal objecte de les seves burles.

Com que l'opinió de mossèn Guillem influïa en moltes de les decisions del pare, es va resoldre l'enviar-me al monestir benedictí que en Gombau de Besora havia fet edificar a Sant Miquel del Fai. L'objectiu principal era que aprofundís en l'estudi dels clàssics llatins, els llibres litúrgics i l'aritmètica, però semblava ser que el mossèn desitjava que rebés aquella completa educació perquè se m'obrissin els ulls cap a les ensenyances de Nostre Senyor Jesucrist i així voler-les seguir de per vida, però en aquest aspecte el pare no hi estava gaire d'acord, doncs el seu esperit un tant bel·licós no incloïa el tenir al si de la seva família cap clergue dedicat a la contemplació divina. Fortes disputes van haver per aquesta causa, sobretot les propiciades per la meva mare, Blanca de Castellcir, que recolzada pel mossèn tractava de convèncer al seu espòs de la conveniència de que anys més tard jo prengués els hàbits.

Sens dubte que la meva formació era inusual i per segons qui digna d'enveja, però la capacitat d'estudi amb la que era dotat no havia de restar mermada per fets banals i discussions que no anaven enlloc. Així, el temps que vaig passar al monestir va ser profitós, tot i que aquell lloc no es podia comparar amb la casa monacal de Ripoll on havia estudiat Gerbert d´Aurillac[2], o amb la seu de Vic amb la seva assortida biblioteca i el seu famós *scriptorium* que proveïa constantment de llibres totes les parròquies de la Plana.

A Sant Miquel vaig estudiar amb un nebot d'en Gombau de Besora, en Sanç, però ell ja tenia el clar objectiu de fer de la seva vida una total dedicació al Senyor. Era en Sanç un noi de faccions amables i d'extremitats primes com les

---

[2] Després papa Silvestre II.

branques dels arbres malalts. La seva veu era fina com la de les donzelles, i de vegades jo havia vist com li tremolaven les mans si entrava el pare prior al petit *scriptorium* per vigilar la nostra tasca i els avenços diaris. Quan el germà Guillemund, fetes les corresponents asseveracions en quant a la dignitat de l'estudi i de la fe, marxava directe cap al refectori per ser aviat hora de dinar, en Sanç sospirava alleugerit i tornava a agafar la ploma inclinant-se cap al seu pergamí per barallar-se com jo amb la minúscula escriptura carolina.

Els frares ens feien seure a una taula a prop de l'entrada de la cuina, allà on totes les flaires ens feien obrir la gana abans de rebre els aliments del dia i mentre fèiem les pregaries corresponents. El germà Claudi llegia i la resta ens lliuràvem a les menges que el germà Lluci preparava amb poca traça, però si més no amb bons propòsits. Com trobava a faltar el cuiner del nostre castell! Els seus espessos brous, els seus estofats de vedella... Mentre menjava la sopa sovint aigualida i mirava banda i banda de la petita llesca de pa que ens posaven, recordava les oques i els capons farcits voltats de salsa de llet d'ametlles, les tendres perdius o els pastissos de farina i formatge. Sabia que aquells pensaments ben podien estar dirigits per la mà del diable volent fer-me caure de ple en el pecat de la gola, però era fàcil de comprendre que el meu jove estómac havia estat molt ben acostumat i ara havia d'adaptar-se a altres circumstàncies per bé de la meva educació. Però quantes nits en Sanç i jo ens trobàvem al passadís de les cel·les i baixàvem descalços i a les palpentes cap a la cuina. Un cop al rebost ens fèiem amb algun tros de llonganissa que després menjàvem amb delit a la meva cel·la amb la llum de la lluna per únic testimoni.

-Creus que Déu ens castigarà per això que fem, Arbert? –preguntava en Sanç, ben amoïnat. I jo, amb la meva habitual confiança en la bondat del Senyor responia:

-No crec que tingui temps de preocupar-se gaire per les entremaliadures de dos nois com nosaltres, Sanç. Tindrà coses més importants a fer!

L'amic donava una bona queixalada i mentre mastegava em deia:

-Bé, però per si de cas, quan acabem resarem un *Pater Noster* cadascun!

No hi havia ni malícia ni cap responsabilitat que ens tragués la son en aquelles curtes nits que acabaven quan encara era fosc i havíem d'anar a matines[3]. Sovint em quedava adormit pels murmuris de les pregàries i el cant dels salms, però en Sanç em treia amb un cop de colze de la meva mig inconsciència i m'assenyalava el germà Ermemir tractant de dissimular els badalls o al germà Lluci, un dels frares més grassos de la comunitat, ja adormit completament al costat del meu company.

-*Dóminus vobíscum...*

-*Et cum spíritu tuo.*

-*Orémus...*

Amb el rerefons de la lectura del text sagrat i encara dominat per l'atordiment que em produïa la son, pensava en els voltants del castell l'estiu passat, allà on els arbres xiuxiuejaven al vent i els ocells xiulaven cançons alegres. M'agradava caminar sobre l'herba, sentir els camps lluïn al sol. Moltes tardes d'estiu m'asseia vora algun pi i em distreia veient el carro d'algun pagès que venia del bosc, carregat de llenya. Jo el saludava, ell em somreia aixecant la mà i continuava el seu camí cap al mas.

Acostumava a mastegar arrels dolces i si em cansava de seure i de rebre el sol de ple a les cames, m'aixecava i em dirigia als camps que treballava el meu amic Marcel. Sentia els peus lleugers com la brisa entre els àlbers, i ja de lluny podia veure la seva figura, segant la civada amb la falç. Moltes vegades l'havia anat a veure com treballava, i inclús l'havia ajudat, però si la seva mare ens veia de seguida el cridava i el renyava per fer treballar al fill del senyor, amenaçant-lo amb no donar-li ni un bocí de pa. En Marcel era de la meva edat però treballava com un home de cap a peus. El seu pare havia caigut malalt presa de fortes febres i no li quedava altre remei que fer-se càrrec de la terra, ja que la mare prou feina tenia amb els quatre fills que Déu li havia donat. I malgrat la seva tasca era sovint ingrata, el seu alegre tarannà no el feia perdre l' humor ni les ganes de viure, i sé que donava gràcies per tenir-me com amic i poder trobar-nos per parlar i córrer per les terres que un dia serien meves i que ell treballava com si també ho fossin, de seves.

---

[3] Els monjos es reunien vuit cops al dia per resar. Les hores benedictines eren les següents: Matines, Laudes, Prima, Tèrcia, Sexta, Nona, Vespres i Completes.

En Marcel segava mentre jo li explicava el que havia fet, entremaliadures de xicot sense cap importància, però ell, encara que sé que m'escoltava divertit, era conscient de la seva responsabilitat i pensava en la feina d'adobar la terra, la sega del blat, la batuda... Tot ell era ple de terra i de l'esperit que aquesta duia a dins. I així com les meves pregàries estaven encara un tant mancades de profunditat, les d' ell eren plenament dirigides a demanar una bona collita i un bon temps que no malbaratés tot aquell esforç. Sovint era ajudat pel seu oncle, però tots els honors li corresponien sense cap dubte i jo l'apreciava encara més per això.

-*In illo tempore, ductus est Iesus in deserto a spiritu ut tentaretur a diabolo. Et cum ieiunasset XL diebus et XL noctibus, postea esurit*[4]...

El germà Guadall i la seva veu alta i clara van fer-me sortir dels meus records per escoltar aquella lectura que sempre m'havia agradat. Però un estrany gemec d'en Sanç em va fer girar el cap i veure que era pàl·lid com els ciris que il·luminaven l'església, i que es duia una mà al pit com si amb aquest gest tractés de guarir-se del mal que semblava ser el sobrevenia. En Sanç s'ofegava. Vaig aixecar-me i el vaig fer aixecar també, però les seves cames eren tan primes i els meus braços estaven tan tremolosos que no vaig poder evitar que caigués tot despertant al germà Lluci que, confós com estava després del seu profund son, va començar a cantar abans d'hora el *Te Deum*, i així la seva veu fora de lloc i el soroll d'en Sanç en caure van interrompre de ple la lectura.

Totes les mirades dels allà reunits van dirigir-se cap al fons del temple, i de seguida vaig poder sentir les passes dels germans que venien a veure què passava, queixant-se de la poca autoritat del germà Lluci. Aquest, sense pensar-s'ho més, va agafar en Sanç i el va dur a corre-cuita cap a fora perquè la frescor d'aquell matí li renovés l'aire del seu estret pit. Jo els hi anava al darrere tota l'estona, i vaig veure que el meu company ja respirava millor i parlaven de deixar-lo tot el dia a la seva cel·la per recuperar-se amb un bon descans. Em vaig oferir per quedar-me amb ell tot i amb el risc de que el pare prior sospités que la meva

---

[4] En aquell temps, Jesús fou conduït per l´ Esperit al desert perquè el diable el temptés. Va dejunar quaranta dies i quaranta nits i, un cop passats, va tenir fam. (Lluc, 4, 1-2)

intenció era deslliurar-me de la resta dels oficis del dia, però de seguida va dir que hi estava d'acord, que jo m'encarregaria de pujar-li el dinar i de donar-li les medecines que el germà Lluís cregués oportunes. Les noves responsabilitats m'agradaven, i més encara quan veient que en Sanç s'adormia després de prendre una infusió de borratja, podia adormir-me jo també sabent als germans a laudes, elevant els seus cants al Senyor quan encara no havia sortit el sol.

Fins a tèrcia no vaig baixar a la cuina per beure una mica de llet de cabra recent munyida. El germà Lluci seia al meu costat i tallava unes verdures que aviat afegiria a l'olla que ja bullia. Va donar-me mitja fogassa, cansalada, formatge i un got ben ple de llet per a en Sanç.

-Té, puja-li això –va dir. –I que no et vegi ningú.

Jo, que esperava a cada pas trobar-me amb el pare prior o amb el mal geni del germà Ermemir, pujava les escales de pressa sentint com em bategava el cor. Desitjava arribar de seguida perquè no ningú no descobrís tot aquell menjar que duia a sobre.

En Sanç ja era despert i mirava les esquerpes cingleres del Fai per la petita finestra de la cel·la. Ja es trobava millor, però essent de natura escarransida havia de fer bondat per tal de no caure veritablement malalt. Els seus pulmons eren febles, doncs ja ho havia pogut comprovar quan plegats corríem fins al darrere del gran salt d'aigua i ell arribava esbufegant. Fins allà anàvem molts dies de sol per veure l'arc de Sant Martí, per veure de més a prop l'impressionant salt d'aigua del Tenes caient en tres bots per barrejar-se finalment amb l'aigua del Rossinyol, que per la seva part es llençava sobre la balma sota de la qual hi havia l'església de Sant Miquel per caure a la gorga i després per l'estimball.

-Què portes aquí? –va dir en Sanç estranyat per aquell abundós esmorzar.

Jo anava deixant sobre el llit tot el que el germà Lluci m'havia donat, i se m'obria la gana per l' intensa flaire que deixava anar el formatge. Però tot allò havia de ser per al meu company, que era qui més necessitava d'una bona alimentació. Vaig acceptar un bocí de pa i una mica de cansalada, i com que de seguida van ser al meu estómac, vaig mirar com ell acabava tota la resta sentint la remor de la saliva a la meva boca desitjosa d'assaborir alguna cosa més.

Per aquella època el monestir estava regit per un home que creia excessivament en el dejuni i l'austeritat en els àpats. Segons ell la frugalitat i l'abstinència eren virtuts lloables que els cels agraïen en gran manera. Però una cosa era la moderació i altra la fam que ens feia passar, cosa que per sort, no va durar gaire temps. Semblava ser que els mancusos[5] o els diners d'argent que en Gombau de Besora destinava a aquella comunitat eren dirigits a menesters que no incloïen la inversió en porcs o en vedells que redimirien els nostres estómacs buits. *Qui se humiliat exaltabitur*[6], deia sempre el prior. Però la humiliació i el sacrifici tenien un límit.

---

[5] Monedes d'or: 1 mancús=7 sous=84 diners.
[6] Qui s'humilia serà exaltat.

2

Aviat va arribar el temps en que l'estiu em va dur fora del monestir. Durant uns mesos tornava al castell, on per aquella època hi havia molt més tragí pel fet de ser el moment de les collites i de rebre els censos que pagaven els pagesos. El meu pare, amb l'ajuda del batlle, duia els comptes, i al temps de la verema sortien plegats per vigilar la feina que es feia als camps. Molts dels pagaments que es rebien eren en espècie, cosa favorable als camperols, doncs s'estimaven més donar part de la collita o pagar amb algun xai que no pas haver de treballar directament pel senyor. També s'obtenien beneficis pels drets de pesca i per l'ús del molí o del forn, i en ocasions s'exigia la talla, tribut per a casos de necessitat. A més, hi havia un conjunt de drets que els senyors podien exercir sobre els pagesos de remença[7]: L'àrsia, el pagament amb moneda del pagès al senyor si s'incendiaven les terres que havia rebut; l'eixorquia, el dret a rebre una tercera part de l'herència del pagès que, en morir, no deixava descendència; la intestia, per la qual el senyor rebia una tercera part dels béns del pagès que moria sense haver deixat testament; o la cugucia, dret del senyor sobre tots els béns de l'esposa adúltera.

Una part de les terres del nostre feu eren propietat del monestir de Sant Cugat, i també hi havia terres exemptes de pagar tributs, terra lliure. Així, els pagesos aloers eren propietaris absoluts i no pagaven ni rendes ni serveis a cap senyor. La terra passava de pares a filles de forma lliure, i el seu usdefruit no comportava cap relació de vassallatge.

A mi m'agradava fugir de tot aquell moviment, de totes aquelles entrades i sortides que feien del pati un pandemònium que era massa per a mi, acostumat al silenci del monestir i a la pau que aquelles muntanyes em donaven, allà on només l'aigua cridava i només el cant dels frares torbava la pau del lloc. El pare acostumava sortir de cacera amb l'Arnau, que aleshores s'inclinava molt per aquella afició. I com que la mare estava quasi sempre malalta, sovint només hi quedava el batlle o el mossèn per atendre els pagaments i posar una mica d'ordre

---

[7] Pagesos que no podien abandonar les terres que treballaven si no pagaven una redempció o remença. La xifra que havien de pagar era molt alta, cosa que comportava que fos quasi impossible poder assolir la llibertat.

quan eren uns quants els pagesos que entraven amb els carros al pati i dificultaven el moviment dels serfs que feinejaven.

Hi havia una certa alegria en aquell tragí, però jo, aprofitant aquells dies lliures, m'endinsava pels camps i pels boscos cercant tresors imaginaris, cercant un drac a qui poder desafiar amb l'espasa de fusta que m'havia donat l'Arnau en arribar de Sant Miquel.

-És l'espasa dels valents –va dir el meu germà donant importància i accent a la seva veu. –És l'espasa amb la qual ningú no et farà mal i amb la que podràs defendre't de qualsevol terrible bèstia.

Jo me la mirava i ja no hi veia una arma qualsevol: Veia el valor a les meves mans gràcies a la força amb que les paraules de l'Arnau havien batejat aquella petita espasa de fusta que vaig dur tot aquell estiu lligada al cintó.

Vora el riu Mardarano, els joncs i els canyars amagaven granotes verdes que jo agafava i llençava a l'aigua per veure com nedaven. I si la calor era intensa, em desfeia de la roba i em banyava per sentir la frescor d'aquelles aigües netes i transparents. Jugava a agafar algun peix, però em relliscaven tots de les mans i ho havia de deixar córrer. Quan l'aigua em feia tremolar, sortia i m'estirava sobre les meves robes a la vora, allà on el sol donava de ple. Escoltava el murmuri dels oms i el brunzit dels mosquits; em distreia amb el ric-rac de les cigales, mirava la llarga cua d'alguna sargantana o el vol d'algun bernat pescaire que sovint s'apropava a l'aigua, dansarí.

El fet de no haver de cenyir-me a cap horari estricte era una gran alliberació. Em llevava quan el sol ja feia estona que havia sortit i de seguida baixava a la espaiosa cuina perquè en Martí posés al meu davant un gran vas de llet de vaca i una bona llesca de pa recent cuit amb mel. La mare acostumava a ser al pati, al cantó on el sol ja escalfava, i brodava i cosia alhora que mormolava paraules que jo no entenia. En veure'm em cridava i jo m'apropava mirant aquells ulls tan clars i tristos, la pal·lidesa del seu rostre i la seva esprimatxada figura. Pel que semblava, queia malalta perquè el seu si no podia sofrir la vinguda d'un nou fill. Se la veia sola, una mica abandonada per l'home que estimava, i això no era bo. Per això no m'importava de seure amb ella i llegir-li algunes de les lectures del llibre sagrat. I si mossèn Guillem ens veia, venia i escoltava amb atenció aprovant els meus progressos amb el llatí. Però aviat va començar a dir-me que seria convenient que en un futur traduís a la nostra llengua tot allò que llegia, doncs si la meva intel·ligència m'ho permetia, facilitaria l'enteniment d'aquelles lectures a la mare. Era una tasca que ell feia a estones, doncs creia convenient que la vida de Nostre Senyor fos coneguda a tot el món, i que tots els clergues posseïdors de saviesa havien de traduir els llibres a les seves pròpies llengües per tal que amb això es penetrés amb més facilitat dins les ànimes dels cristians.

Quan el pare tornava de cacera el sopar era més alegre que mai, per això acostumava sortir a rebre'l i veure com eren de grans el porcs senglars o quantes eren les guatlles o les perdius. El posat del meu germà era victoriós, com si tornés de la guerra carregat d'unces d'or. Passava pel meu costat somrient, cofoi, orgullós de sí mateix i de la força i l'empenta del pare. Jo, en aquell moment, em sentia petit, molt petit davant d'aquella mostra de poder, d'aquella superioritat que sempre m'havia atordit. Tant mossèn Guillem com els frares m'havien fet creure que la prudència i la mansuetud eren qualitats més lloables que no pas l'arrogància, però aquella arribada victoriosa em feia desitjar ser un gran caçador, un home valent que s'enfrontava amb les feres més temibles i les feia sucumbir sota la seva poderosa espasa. Però mirava la meva, petita i de fusta, i em sentia ridícul i mancat de la glòria que els homes desitgen.

Tot això ho oblidava quan es començava a preparar l'àpat que tots estàvem desitjosos de menjar. Ens reuníem a la sala noble i després de que els servidors ens rentessin les mans començàvem a veure la desfilada de talladors[8] de fusta on se servia la carn. Si bé era bastant comú que els comensals se servissin tots d'un mateix plat, al nostre castell va imposar-se l'ús de talladors individuals. Veiem així davant nostre la carn que havia estat rostint-se al foc, clavada en un punxó i girant sobre la flama, estovant-se i daurant-se. La taula anava omplint-se, i les ampolles de vi buidant-se. Després de la carn venia l'olla, sempre ben acompanyada d'abundant pa de blat i de vi, és clar, que jo prenia barrejat amb aigua. Més tard venien els formatges, diferents pastissos, mel i mató i de vegades neules amb

---

[8] Mena de plats plans i circulars de diferents materials, essent els més comuns de fusta o de terrissa.

piment[9]. Quan acabàvem, jo acostumava a sortir i a fer un tomb per abaixar tot allò. I sovint agafava dolços de la cuina que pretenia donar a en Marcel, al pobre Marcel que segurament havia menjat pa d'ordi i aquella insípida barreja de cereals bullits amb aigua i amb algunes llegums o una mica de cansalada. Quan jo li explicava les menes de banquets que es feien al castell se li obrien els ulls com al mussol que teníem al pati tancat en una gàbia, i llavors agafava amb força i potser una mica de ràbia continguda qualsevol eina, i començava a feinejar.

Malgrat la meva joventut jo ja coneixia algunes de les misèries humanes, i també sabia que a aquest món en què vivíem li agradava de fer distincions entre els homes. La societat era composta d'aquells que pregaven, d'aquells que feien la guerra i d'aquells que treballaven, i aquests últims, tot i que eren els que amb el seu esforç treien de la terra els fruits que a tots donaven força, no eren més que considerats pleballa.

En Marcel era conscient de que queixar-se de la seva situació no el duia enlloc. Assumia la seva condició i se l'empassava per molt feixuga que fos. Treballar era tot el que podia fer, i amb pocs estris, i sovint havia de viure de les reserves de la collita anterior si el temps no havia estat benigne. L'única esperança era que el pare millorés aviat, i que no vingués una altra pedregada. Tots els seus desitjos eren tenir un nou cavall, doncs se'ls hi havia mort, un parell de porcs i un bou per no haver-lo de compartir amb un altre pagès; i posats, una vaca també, ja que la seva cabra es feia vella i últimament semblava una mica ensopida. Li preocupava el fet que arribés un moment en què no hi hagués més remei que demanar un préstec al senyor.

Alguns pagesos s'endeutaven per no passar fam, però si no tornaven el préstec en el termini concretat, sovint un any i una quantitat no superior a cent sous, s'arriscaven a perdre les terres, caient en la més absoluta misèria. No, el Marcel esperava que això no passés mai, i encara que a vegades a taula el menjar no era gaire abundant, la seva mare sabia com estirar el brou aigualint-lo. Sabia preparar els cargols i sabia triar els bolets. Però si durant un temps havien d'oblidar-se del tall i menjar pa, ceba, farinetes i del que fos que algun pagès veí

---

[9] Vi preparat amb espècies i endolcit amb mel. També conegut per *hipocràs*, ja que es creia que l'autor de la recepta havia estat Hipòcrates.

els hi donés mogut per la caritat, doncs ben rebut seria. Si Déu els volia posar a prova bé que ho estava aconseguint, però encara no es donaven per vençuts. El pare d'en Marcel es va recuperar i va poder ajudar-lo a l'hora de la sega. La feina no els espantava; el pitjor de tot era tenir en compte que, malgrat l'escassetat, havien d'entregar una part al senyor i pagar la taxa per utilitzar el molí. Déu estreny, però no ofega, deia el mossèn a l'ofici dominical, i jo pensava: No, Déu no, el meu pare.

L'estable del nostre castell era de considerables dimensions i estava molt ben proveït de bestiar. Aquella abundància, que era la que es feia després evident a la nostra taula, em feia pensar. Els porcs eren dins la tanca, i la seva pell rosada contrastava amb la negror dels fems que trepitjaven. El moro, en Mohammed, un dels serfs esclaus provinents de les llunyanes terres d' Al-Àndalus, esquilava una ovella a prop meu tot renegant en la seva llengua. La llana anava caient emblanquinant el terra, com la neu alguns hiverns, però la meva atenció era només per als porcs i els garrins, aquells animals generosos que donaven bons pernils, llargs xoriços i llonganisses saboroses que en Martí i els seus ajudants sabien ben adobar. Tot era aprofitable, la sang, els budells, la llengua, el fetge o els ronyons. La matança d'un sol marrà era suficient per a proveir a una família del greix necessari. Un de sol, un només...

Des del llit podia veure una nit clara. La lluna il·luminava els camps i semblava il·luminar també les meves boges idees. Vaig adormir-me tard, doncs la calor i els pensaments no em deixaven descansar. A la fi, però, vaig aclucar els ulls per caure dins els braços del son, que em va dur cap a somnis estranys on les ovelles, les cabres, els garrins i les vaques del castell s'escapaven i anaven tots a parar a cal Marcel que, curiosament, els duia al bosc, allà on un ermità vivia de les arrels i dels fruits que li donava la mare natura. En arribar el meu amic amb tot aquell profús i variat ramat, l'anacoreta el feia fora amenaçant-lo amb un gran i olorós pernil. Afortunadament, el sol va néixer de nou per fer-me fugir d'aquelles guilladures.

Coneixent que els servents s'aixecaven poc després de trenc d'alba, vaig decidir avançar-me i córrer cap a la corraleta. Amb una corda a les mans esperava amagat rere un pilot de palla fins que el soroll de les portes en obrir-se m'indicà el camí lliure. Tenia el temps ben just, arriscant-me a que en qualsevol moment algú em veiés, però el plaer d'allò que jo creia una bona acció era més gran que la por a ésser castigat. Així doncs vaig lligar un porc ben manso que, atret pels aglans que li oferia, no posava cap entrebanc en seguir-me tan ràpidament com jo corria cap a fora. Estava clar que no podia seguir el camí habitual, ja que corria el risc de trobar-me amb qualsevol pagès o amb qualsevol dels vassalls del pare, per això vaig agafar una sendera agresta i humida per on en aquella hora s'esmunyia la fresca del matí.

A voltes, el porc s'entossudia i no volia caminar; jo l'estirava amb la corda i veient que no hi havia manera de fer-lo seguir, seia al seu costat i me'l mirava i li parlava amb l'ànim de que entengués que ja quedava poc camí, que aviat seria a una casa on el rebrien bé, molt bé. El pobre animal, potser entenent el to cansat i trist amb què li deia, va començar a caminar, però es ficava de sobte per entre les bardisses i per les zones més humides fent-me trepitjar el fang i estirar-lo de nou ferint-me les mans amb la corda. Quasi em penedia d'haver dut a terme aquella comesa quan vaig veure que ja érem a poques passes de cal Marcel. El mas on vivia, més aviat una borda[10], era d'una sola planta i teulada a un vessant. Hi havien bastides tres parets, doncs havien aprofitat una roca com a paret del darrere, i la teulada era feta de fang, branques i troncs.

Com que el porc havia decidit de no moure's més, vaig arribar tot suant i empenyent-lo ja sentint com els pares d' en Marcel s'escridassaven vora el petit hort. En veure'm van callar. La dona va seure sobre una gran pedra plana i va començar a donar el pit al fill que duia entre els braços. Per la seva part, en Severí se'm va apropar tot aturant amb la mà la llum del sol que li venia als ulls.

-Què portes aquí, vailet?

Era evident. Però l'estranya possibilitat de que el porc fos per a ell el feia qüestionar-se la veritat.

-És un present per a vosaltres –vaig dir.

-Un present? Des de quan el fill del senyor ens fa presents? Per ventura no saps que les ofrenes es fan a l'església?

El porc romania ara tan quiet com jo, estabornits tots dos per aquelles paraules menyspreadores. Dels meus llavis no sortia cap paraula, i menys encara

---

[10] La borda equival a la meitat d'un mas, així com una cabana era la meitat d'una borda.

quan en Marcel, que ens escoltava a la vora, feia mitja volta i marxava a donar gra a les poques gallines que tenien.

En Severí no volia acceptar res que ell mateix no hagués guanyat pel seu esforç. I encara que segur li era costós haver de rebutjar tot allò que li oferia el porc, el seu orgull podia més i no va dubtar en fer-me marxar de seguida acusant-me de lladregot, ja que no es creia que el meu pare gaudís de sobte d'un esperit tant generós.

Allà mateix, dret sobre l'herba, vaig començar a plorar. En Severí va abaixar la seva mirada fosca mentre jo girava cua, seguit del porc que no va oposar resistència en tot el camí de tornada.

A les portes del castell vaig topar amb el meu germà.

-Ara et dediques a passejar porcs? –va dir, insolent.

No vaig fer cas i vaig caminar fins a la baconera per deixar-lo amb els altres animals.

-Però es pot saber d' on vens? –insistia l'Arnau. –Mira que li diré al pare que has robat un porc!

-No l'he robat. Me l'he endut a fer una volta, només.

-Què t'has tornat boig, germanet? Mira que lligar un marrà i endur-se'l! No m'ho puc creure, de veritat. Quan creixeràs?

Somrient, es va treure la bossa que duia penjada al coll i em va ensenyar una moneda d'argent que el pare li havia donat com a premi per la bona caça de l'últim dia.

-Quan sigui jo el senyor, tindré milers d'aquestes, més de les que té el pare. I milers de mancusos també. Seré tant poderós com el comte, o potser més. Potser aniré a l'Orient, allà on diuen que de la terra raja or. Potser seré tan ric que...

No el vaig deixar acabar. No m'interessava res de tot allò que em deia. No m'interessava saber de les riqueses d'alguns que feien més pobres a uns altres. Caminant cap a la cuina, vaig sentir que deia:

-Enveja és el que tens, germanet!

En Martí posava una graella al foc, i en veure'm va dir que tastés de la salsa que estava fent per adobar els bolets que acompanyarien el tall. A una cullereta de salsa composta de gingebre, canyella, pebre blanc, claus, nou moscada i safrà, espècies ben cares que el pare comprava sense gasiveria, hi havia afegit julivert picat i coriandre, tot rebaixat amb vinagre. En donar jo el vist-i-plau, va posar la salsa sobre la paella on eren els bolets ja passats per la graella, va afegir ceba tallada molt fina i una mica d'aigua. Fins a l'hora de dinar, aquell assaonament impregnaria els bolets i els hi donaria un gust immillorable. Les llebres ja es feien al foc, i com que aquella olor m'obria la gana vaig agafar una llesca de pa a la que el cuiner va tirar un bon raig d'oli i vaig sortir al pati, on dos cavallers baixaven de les seves muntures exigint veure al senyor. Jo mateix vaig guiar-los cap a la sala on era el pare atenent assumptes amb el mossèn, i en retirar-me no vaig poder resistir la temptació d'escoltar amb l'orella enganxada a la porta el que havien vingut a fer aquells dos homes.

Semblava ser que els dos cavallers havien coincidit feia poc en un alberg a prop de Vic, i que entrant en conversa i amb les llengües soltes pel vi que l'hostalera els va servir, vingueren a adonar-se que els dos viatjaven cap a Barcelona, i que els dos pretenien la mateixa dama, filla d'un pròsper comerciant i molt coneguda per la seva gran bellesa. Des d'aquell moment resolgueren anar plegats a sol·licitar aquell matrimoni, però aquell mateix dia, i aprofitant que passaven a prop del castell, havien decidit de sotmetre's al judici que pogués emetre el senyor. A mida que anava succeint-se la conversa, un dels cavallers, anomenat Roderic, elevava el to de la seva veu. El seu caràcter era un tant impacient i amenaçava amb abandonar aquella ridícula reunió i procedir pel seu compte, doncs bé podia raptar-la i fer-la seva sense gaires contemplacions. El mossèn li preguntava:

-Però vós no coneixeu la dona en qüestió, i la seva bellesa pot no ser tal, o bé podria estar ja compromesa amb algú que veritablement l'estimés. I així, quin motiu que no sigui deixar-vos endur per la luxúria us pot moure a fer actes reprovables com aquest?

-La luxúria! Què redimonis pot saber un capellà de les passions carnals? O potser us heu deixat endur per dones complaents?

-Calleu! –va cridar el pare, molest pel caire que anava agafant l'entrevista.

L'altre cavaller, de nom Enguerrand, que semblava de tarannà més calmat, va demanar que el senyor decidís quin dels dos mereixia tenir aquella dona tan desitjada. Mossèn Guillem insistia en que s'estava parlant d'una dona absent i que era ella a qui li corresponia escollir, o en tot cas, al seu pare. Si teníem en compte els valors estètics, era el cavaller més exaltat qui per excel·lència i bellesa masculina es mereixia el premi, però en l'educació i les bones maneres l'altre era el guanyador. El pare va parlar d'un duel que decidís qui dels dos era el millor, i això es va decidir finalment, així que vaig baixar i vaig sortir al pati per seure al costat del pou fins que em cridessin per dinar.

Els dos cavallers van seure a taula amb nosaltres, i de seguida van treure els seus respectius ganivets en topar amb un bon plat de llebre amb salsa de bolets. Tots dos romandrien al castell fins al dia concretat pel duel, i com que el mossèn insistia en que la presència de la dona era convenient, ell mateix va posar-se en camí el matí següent per trobar-la i explicar al seus parents els motius per endur-se-la de Barcelona. Tothom esperava que no estigués ja compromesa, però en el cas de que així fos, s'escolliria a una de les germanes que semblava ser tenia la noia, probablement tan formoses com ella.

En tant no arribava el dia de lliurar el combat, jo anava amunt i avall pensant en el menyspreu que en Severí m'havia fet. Nogensmenys el seu fill no en tenia cap culpa ni havia de rebre pel seu orgull, així que se'm va acudir d'agafar una sèrie de coses del rebost que donaria a en Marcel i ell podria amagar-les i gaudir–les com ben volgués.

3

El rebost era ben assortit, i vaig suposar que no seria cap pèrdua important la desaparició d'algunes peces de caça, d'alguns embotits i inclús d'alguns dels dolços que en Martí emmagatzemava a la zona fresca amb cura. Vaig procedir de la mateixa manera que l'anterior vegada, just abans que el servei es llevés, i així, carregat amb un sac ben ple, vaig caminar fins a la casa d' en Marcel. El matí s'estirava tot badallant núvols clars, deixant anar un alè de cel blau clar que al migdia seria resplendent. Els arbres i les flors deixaven anar colors que lluïen al meu pas. Les farigoles i les mentes em regalaven un desdejuni d'olors aromàtiques i encisadores, i algun esquirol treia el cap del seu cau i tornava de nou cap a dins, mandrós.

De lluny vaig veure com en Severí marxava a peu i amb un farcell a l'esquena cap al mercat de Granollers, tal i com acostumava a fer sovint, ja que segons m'havia explicat en Marcel li agradava de freqüentar les tavernes i fer petar la xerrada amb pagesos poc afortunats com ell. El problema era quan a la tornada el seu caràcter esquerp es tornava pitjor, i a vegades era tal l'estat d'embriaguesa que entre la mare i el Marcel havien de despullar-lo i ficar-lo al jaç, el jaç pobre d'aquella casa pobre i desarranjada que rebia un Severí vençut i borratxo.

Plegats vam amagar el sac sota la palla que hi havia a l'estable amb l'esperança de que mai no fos trobat pel seu pare. Tot i això el meu amic tenia la intenció de dir-l'hi a la seva mare perquè ella en disposés i els petits milloressin la qualitat dels seus àpats, encara que hauria d'ésser d'amagat del pare, és clar. Aquella dona, ampla d'espatlles i de galtes sempre vermelles, va agrair-me allò que feia per ells, i aquella gratitud anava acompanyada de sorpresa, perquè després de tot davant seu tenia un marrec, i un marrec que si no fos per les lleis de successió, d'aquí a uns anys seria el seu mateix senyor. De totes maneres, res que no fos pensar en la seva família havia de preocupar-la més, i sobretot tenint en compte de que després de l'estiu venia l' hivern, i aquest podia ser ben dur.

Vaig desitjar poder ser al lloc del meu pare i canviar la condició d'aquella família per la de pagesos aloers. Però alhora comprenia que no tothom en aquest món havia de gaudir dels mateixos privilegis, i que la gent com en Severí havia d'assumir èpoques de pobresa. Molts com ell havien emigrat, posseïen pocs estris i no tenien gaires pertinences. El primer any era sovint difícil, doncs s'havia d'artigar la terra i esperar els primers fruits, que no sempre arribaven. A més, les dominicatures, que comprenien les millors terres de conreu, els boscos i els erms, eren per al pare, d' on en treia la major part de les seves rendes i les feia treballar per homes lliures i esclaus, i en ocasions pagesos de les tinences[11].

Malgrat pluges, temps de sequera i dificultats, els emigrants gaudien vivint al nostre feu. El nostre paisatge era i ho és encara, un paisatge clar i net on els homes són part de la terra i ella els hi agraeix l'esforç amb els seus fruits. Els horts, les vinyes i els terrenys amarats d'aigua on es produeix el lli fan pinya amb masos i bordes tot dibuixant una panoràmica agradable on és fàcil viure i oblidar el mal temps o alguna mala anyada. El sol sovint escalfa el nostre feu, i sota la seva lluïssor els que hi vivim ens sentim encara més part d'aquesta terra càlida i benigna.

Un cop al castell, assedegat per la caminada i per la calor que feia aquell dia, vaig beure un gran glop d'hidromel[12] i després de dinar vaig sortir amb l'Arnau a cavall. Jo ja era un bon genet, i cavalcar era una activitat plaent i distreta. A tota velocitat vàrem decidir arribar-nos fins a la part del riu on sabíem que algunes dones anaven a banyar-se. Semblava ser que el meu germà hi anava sovint ja que, amagat rere uns esbarzers, podia veure a una d'aquelles noies, una en especial que li agradava molt. Vàrem lligar els cavalls prou lluny perquè no se'ls sentís renillar i amb compte vam caminar fins al lloc que ell ben coneixia, un lloc excel·lent on ja podíem veure aquelles dones amb l'aigua lliscant pels seus cossos fràgils, molsuts, esvelts, menuts o espigats; amb aquells cabells lluents, clars, foscos, vermellosos, llargs, rinxolats, fins o trenats. Aixecaven les seves faldilles i podíem veure unes cames resplendents, brunes, lletoses, magres o rabassudes. I obrint-se les seves camises hi trobàvem colls gràcils i pits rodons com pomes, com síndries; els llavis se'ls hi obrien en somriures plens i totes les veus esclataven en riures sorollosos.

---

[11] Els pagesos de les tinences o tinents treballaven les parcel·les dels dominis d'un senyor amb un contracte agrari.
[12] Beguda feta amb aigua i mel.

Per a mi ja n'hi havia prou amb aquell espectacle, però l'edat del meu germà era aquella en la que l'amor esclata voluptuós i empeny a actes arriscats i atrevits. I tal dit, tal fet, perquè de cop i volta va aixecar-se d'allà on érem, i amb els esbarzers intentant d'aturar-lo enganxant-se a la seva roba, va avançar unes passes i va aturar-se a la vora de l'aigua, on la rialla s'havia fos i ara hi havien xiscles i anades i tornades a corre-cuita cercant les robes esteses al sol. Ell era allà dret, i jo mirava la seva ampla esquena, el seu cabell ros que li amagava el coll bru; l'espasa a la dreta, les fermes cames trepitjant unes roselles. Avançant una mica més tenia a l'abast el braç de la noia desitjada que, Déu sabrà perquè, no havia sortit encara de l'aigua i se'l mirava aguantant l'intens esguard de l'Arnau a sobre seu. Res no deien cap dels dos, però tampoc no hi havia silenci. Les amigues la cridaven, i alguns ocells a sobre meu responien com si la crida fos cap a ells. Un va deixar anar des de dalt una bona tifarada que va caure sobre unes móres madures del terra.

No podia sentir la veu de l'Arnau ni la veu de la noia, i encara avui em sembla que no van dir-se absolutament res, doncs ja estava tot dit dins els seus ulls. El meu germà va agafar-la del braç i la va conduir fins al cavall. Se la va endur no sé a on i la tarda va restar per a mi plena dels misteris de l'amor.

Aquella nit no vaig aconseguir dormir. Pensava en el Marcel, en si avui hauria sopat millor; pensava en el seu pare, embriac; pensava en l'Arnau i en la noia, pensava en el germà Lluci i les seves sopes aigualides i la seva bona voluntat en donar-me d'amagat més pa del corresponent. I en Sanç, què faria? Era a la Cerdanya, on el seu tiet posseïa un altre castell, a més dels de Montbui, Torelló, Besora i d'altres. El fet de ser fill il·legítim l'allunyava del seus pares, que vivien al castell de Montbui, amb els fills que sí mereixien aquell apel·latiu.

Vaig badallar, content de tenir una família unida, content de que el meu pare no tingués altres fills repartits pel món; però veient que la meva alegria era fruit de l'orgull, no vaig dubtar en agenollar-me i pregar perquè el Senyor em perdonés. La por de Déu era ben arrelada en mi, feta néixer per mossèn Guillem i madurada pels germans del monestir de Sant Miquel. Envellia dins meu com el vi.

4

Els dies passaven molt ràpidament, així que aviat va arribar el moment del duel que decidiria quin dels dos cavallers mereixia l'amor de la donzella que ja era al castell. El mossèn l'havia portat de Barcelona dos dies abans, però ningú no la va poder veure, ja que restà en una cambra on només ell entrava i li portava el menjar o el que necessités. Entre els servents i la meva família s'anava creant l'interrogant de la veritable imatge de la dama en qüestió, i el fet de que, donada la seva timidesa només volgués tractes amb el mossèn, va fer accentuar la passió dels cavallers.

Els preparatius per aquell dia van concentrar-se sobretot en el banquet. Es volia oferir un menjar esplèndid, ja que a casa meva es gaudia mostrant els treballs que es feien a la cuina. Era important que tots els ingredients fossin de la millor qualitat, i que la quantitat reflectís la riquesa que hi havia al castell. Des de la cuina estant, voltat de la barreja de flaires, de cassoles, morters, herbes aromàtiques, conills i llebres trossejats, pernils penjats, brous fumejants, colomins arrenglerats, oques a punt de farcir, bolets dins el xauxineig de l'oli, els atuells amb el piment o les coques d'ametlla, m'adonava de la meva afortunada existència.

La mare va disposar que es col·loquessin unes taules al mateix camp on es faria el duel, vora el riu, ja que el dia es presentava molt calorós i seria agradable tenir a la vora la remor de l'aigua. Anava amb un vestit de seda granat que li feia esvelta la figura, i uns fils daurats li cobrien el pàl·lid front i li trenaven part dels seus llargs i també pàl·lids cabells. Vaig seguir-la, admirat per la seva bellesa, fins al pati, on vaig ser aturat pel tragí de servents i d'animals. Jo seguia intrigat per la dama que romania en una de les cambres de dalt, però en aquell moment era la mare qui més em sorprenia per aquell canvi sobtat. De la llangor sovint mostrada ara no en quedava ni rastre, doncs fins i tot als ulls se li podia trobar un punt de joia: La raó era que esperava un nou fill, qui en néixer es diria Guiamó.

Sobre l'herba les taules s'anaven omplint de viandes i d'ampolles de vi que començaven a fer les delícies dels convidats que anaven arribant i xerraven tot fent cercles entre ells. El mossèn picava d' on podia i sermonejava a alguns joves entre mossegada i mossegada de panets encara calents. El pare, que era amb un dels seus cavallers, caminava cap a la taula principal on seuria, però en veure arribar a la mare va anar cap a ella i, agafant-la cortesament de les mans, va acompanyar-la fins a la cadira. Ella somreia i li deixava dir paraules que semblava ser feia temps no li deia. Jo els veia contents de retrobar-se de nou després del temps en que entre les malalties d' ella i les fugides d' ell amb l'excusa de la cacera havien estat separats.

Després d'aquell àpat coronat per unes bones postres, vàrem anar cap a la tarima coberta amb un tendal que s'havia preparat amb objecte de veure millor la lluita que es produiria en uns instants. Els cavallers enfrontats havien dinat a la nostra taula, un a cada extrem, i en arribar el moment van anar a mudar-se acompanyats de dos servents. Vaig adonar-me de que el mossèn aquell dia somreia per tot, i que un excessiu bon humor l'il·luminava la cara. Tothom, però, gaudia d'aquell dia esplèndid, i molts, sabent que la justa encara trigaria una estona a començar, passejaven vora l'aigua enmig d'animades converses.

El cavaller Enguerrand va arribar primer. Se'l veia nerviós, i més encara quan impetuosament, com els cavalls encabritats, el seu contrincant Roderic de Vila-seca va acostar-se a nosaltres amb el rostre encès, els punys closos alçats i amenaçants cap al mossèn, que veient el que li sobrevenia, va aixecar-se de la cadira en un intent d'aturar els cops que li anaven caient al damunt.

-Bergant! Neci! Sac de mentides! -cridava en Roderic tot colpejant-lo.

A una ordre del meu pare van aturar-lo, però encara li veiem als ulls la fúria i l'enuig que l'havien dut a descarregar-se amb mossèn Guillem.

Què era el que havia enfurismat al cavaller Roderic? Quina raó tenia per carregar de sobte contra el mossèn abans del duel que tothom estava esperant?

Algú va oferir beguda al susdit cavaller que poc a poc anava calmant-se i començava a explicar els seus motius:

-Vós heu vist aquells homes que pugen sobre un tonell enmig d'una plaça i comencen a cridar i a parlar de les virtuts sanadores de l' ungüent que volen vendre? Els heu vist als mercats? -preguntava dirigint-se al pare, que el mirava atentament. -Algú ha cregut en les seves incitadores paraules? Ha comprat la medecina tot esperant una gran panacea? -Ara mirava a tots aquells que havien fet cercle entorn seu. -Si és així, sabreu que no existeix tal medecina, que és només alcohol o herbes ben preparades que cap veritable malaltia no poden curar!

-A on voleu anar a parar? -va dir algú.

-Vull acusar aquest home de mentider! De jugar amb la seva paraula i de mentir perversament!

-Com goseu! -es defensava el mossèn. -Atempteu contra un servidor del Senyor!

-Només un servidor del dimoni faria el que vós heu fet, brivall!

Algunes dones van posar el crit al cel, escandalitzades. La mare es posava una mà al pit, semblava que li faltava el aire.

-Ordre! Ordre! -cridava el pare picant la taula.

Les exclamacions del convidats anaren minvant a poc a poc. L'Enguerrand s'apropà al seu contrincant i li va preguntar de quina mena de mentides estava parlant. Tothom estava disposat a escoltar atentament, encara que alguns xiuxiuejaven pel baix, crítics amb aquella situació. A en Roderic se li va servir una gran copa de vi i va començar a parlar:

-Tant de bo el vi em fes oblidar el que he vist, senyors meus! -va cridar alçant la copa. -Perquè trigaré temps en treure fora de mi aquesta infàmia, aquesta imatge que m'ha quedat gravada com la cicatriu que veieu tots al meu coll!

Tots vam veure aquella llarga marca aconseguida en alguna lluita, en alguna batalla: una marca lletja però que li atorgava crèdit i honra.

I resultava ser que la seva curiositat per veure la dama per la qual havia de lluitar, l'havia fet pujar a les cambres superiors del castell. Esperava sentir algun dels seus sospirs rere la porta; potser podria parlar-li. Però quina va ser la seva sorpresa quan en decidir d'anar a vestir-se per a la justa tot pensant que no hi havia cap possibilitat, va sentir que s'obria la porta de la cambra on era la dama, va amagar-se a l'habitació del costat i va veure, oh, Déu dels cels! la dona més lletja que mai els seus ulls havien pogut contemplar: Arrossegant un peu, la dissortada jove va sortir al passadís, desobeint les ordres del mossèn, però de seguida se'n va tornar a la cambra. Així, el cavaller Roderic va poder veure-la en tota la seva lletjor, quasi tanta com la del pecat.

Algunes mirades van dirigir-se al mossèn, que no semblava gaire afectat pel que passava. El pare no acabava de creure el que estava sentint.

-Que algú faci venir aquesta dama! Ara mateix!

Mossèn Guillem va dir de seguida que no veia oportú que es jutgés la seva condició física davant de tot aquell públic.

-Així doncs reconeixeu que heu dut una altra dama! –insistia en Roderic.

-No reconec res! Vós sou el qui teniu problemes a l'hora de triar esposa! I aquesta és just la que vós vareu triar! –es defenia el mossèn.

El cavaller Enguerrand va dir la seva:

-Però la raó d'aquest duel era la lluita per una dama famosa per la seva bellesa, posseïdora d'ulls desconcertants, llargs cabells de seda i una bona dot...

-Per ventura no heu sentit mai parlar de les excel·lències de llunyanes terres, fèrtils, de les que s'espera bones anyades per després arribar i trobar-se amb una terra erma i inhòspita? Doncs els rumors que us van arribar de la suprema bellesa d'aquesta dama és quelcom semblant.

-Quines penques! –es queixava en Roderic.

-Prou! –cridà el pare. –Declaro suspesa aquesta justa fins a nou avís.

Els cavallers van anar al saló per discutir, junt amb el pare i el mossèn. Aquest últim insistia, encara que ja una mica amb sorna, en que la bellesa de les persones era dins els cors, i que ell podia donar fe de l'esperit clar de la Jacoba. L' Enguerrand es queixava de la seva actuació poc seriosa, doncs si en el duel un dels dos hagués resultat ferit de mort, aquesta vida hauria estat perduda inútilment per la poca vàlua de la dama disputada. La mare, mentrestant, havia anat a la cambra on era la infortunada noia i després ens va explicar al meu germà i a mi que es tractava d'una criatura tendra i espantadissa que no entenia el que estava succeint. Li havien dit que venia al castell per tornar-se amb un marit ben plantat, però la il·lusió ja li marxava en comprendre que tot havia estat un somni. Ara comprenia perquè els seus pares s'havien posat tan contents en veure que algú pretenia la filla. Ara o mai!, havien pensat, però malauradament res no havia canviat, o sí, perquè ara la ferida a la seva ànima era molt més gran pel rebuig que li estaven comunicant.

Estava clar que els cavallers reclamarien tard o d'hora una compensació per aquella ofensa, però el pare no estava disposat a deixar anar un sol diner per un greuge que ell no havia provocat. El mossèn, doncs, es va fer càrrec del rescabalament, no sense insistir en que la seva intenció havia estat moralitzadora. Mai no havia estat partidari d'aquella mena de duels, i la casualitat de que la dama no fos precisament model de bellesa li havia donat una bona excusa per fer el que havia fet. Probablement una mica atordit per l'excés de vi d'aquell dia, no va deixar de dir que la llàstima era no haver pogut veure la cara de sorpresa del guanyador de la justa quan la dama hagués descobert el vel que li cobria la cara. Sentint això en Roderic va fer el gest d'empunyar l'espasa, però el seny el va fer aturar-se a temps i va sortir de l'estança donant per acabada la reunió.

El sopar d'aquella nit va ser silenciós. Era ple, però, de la força i la ràbia que hi havia als ulls del cavaller Roderic. La seva passió per l'amor que tot aquell temps havia desitjat es veia ara apaivagada de sobte per una estúpida facècia. El cavaller Enguerrand s'ho havia pres amb més calma i s'estimava més lliurar-se al seu plat i a l'excel·lent vi que se li havia servit. La seva suposada estimada romania en una cambra, i a l'endemà, quan ja haguessin partit els cavallers, partiria ella també amb el mossèn cap a Barcelona.

La rebel·lia contra el destí i el fet de veure les pròpies esperances enfonsades dins el pou del rebuig, han portat a molts homes desesperats a deixar-se dur per l'abraçada de la mort, per l'estremidora veu del diable cridant-los cap als avencs de l'avern.

I no sols als homes.

Esmorzàvem el meu germà i jo a la cuina quan un crit ens va fer ennuegar. Ell i en Martí van córrer cap a dalt seguits per mi a poca distància. El primer en arribar havia estat el pare, que de seguida va donar ordre al Martí de que cridés a un parell de servidors. La mare jeia al terra, assistida per la seva donzella que la ventava, però aviat el pare va aixecar-la i se la va endur a la cambra. Què era el que havia espantat tant a la mare? Què hi havia darrere el zel amb que el meu germà em negava el pas abans que no vingués el mossèn? Vaig suplicar que em deixés veure, però ell insistia en que encara era massa jove per pair una situació desagradable com aquella. Situació desagradable? Fins i tot terrible, em deia? La ignorància de qualsevol dels aspectes ingrats de la mort em feia insistir en el capric de veure i, finalment, cedint a la meva voluntat aprofitant l'absència de qualsevol adult, l'Arnau va fer-se a un costat per deixar-me dins un món on l'horror era l'amo.

La dama barcelonina, na Jacoba Benet, era ara una dama oscil·lant, gronxada per un dels fins llençols brodats per la mare. Penjava d' una de les bigues del sostre essent qualsevol comparació odiosa i repugnant. Si bé el fet de sentir l' olor de la manca de vida ja era de per si estremidor, ho era encara més veure la lletjor d'aquella cara augmentada per les empremtes que la mort li havia deixat: aquells ulls encara oberts i plens de quelcom semblant a la tristor barrejada amb por, aquella llengua fosca i repulsiva, aquelles mans crispades en un gest d'agafar-se a les últimes engrunes de vida, o de mort; tant se valia. El descoratjament li havia ofegat l'ànima; s'escanyà per no sentir-se més temps fora dels seus somnis, de les seves il·lusions.

Darrere meu, el temps va tornar a córrer quan la mà de l'Arnau a la meva espatlla m'obligà a sortir d'una cambra que des d'aleshores mai més ningú no ha fet servir, essent tancada i barrada com si es tingués por de que fugís l'ànima de la dissortada jove.

Aquella mort va deixar-nos dies de reflexió. Després d'assistir al funeral, els cavallers van marxar ben apesarats pel tràgic esdeveniment. Ells, que havien estat disposats a lluitar pel seu amor, començaren a lluitar llavors amb el remordiment que els corcava per dins, probablement turmentant-los.

5

En arribar el temps en que es recollien les fulles dels arbres per a farratge i llit dels animals, quan es treballava la terra escampant les llavors, passant el trill per igualar la terra i enterrar la sement, vaig tornar al monestir de Sant Miquel del Fai acompanyat pel pare. Pujàvem pel camí de la Vall de Riells, per una rampa empedrada que serpejava entre els camps i els bancals cultivats. Aquell camí era en ocasions perillós, i alguns deien que cavallers de gran nom havien perdut la vida estimbant-se pel precipici.

Amb la seguretat que em donava la presència del pare i la claredat del dia, em deixava dur per les llegendes que m'explicava, llegendes que parlaven de fades que vivien als gorgs i que a les nits de lluna plena cantaven cançons que ressonaven per tota la vall i feien tremolar de por als pagesos, als caminants o als bandolers, essent alguns atrets per la promesa de fabulosos tresors per després caure i ofegar-se irremeiablement. Parlava també d'un suposat convent construït allà on hi havia ara el monestir; un convent de monges de famosa bellesa que una nit de tempesta, una nit en que havent rebut a uns galant cavallers amb qui bevien, menjaven i es lliuraven als plaers carnals, rebé la fúria de Déu, ben enutjat per aquella irreverent orgia. La mà del Totpoderós va fer caure un gran llamp, i el convent, les monges i els cavallers van ser precipitats a l'abisme per càstig diví.

Tot mirant la timba als nostres peus, m'agradava d'imaginar què sentirien aquells condemnats, els esperits dels quals potser eren encara als gorgs, o darrere els matolls, o dins els arbres; potser eren el vent que em xiulava lleuger a les orelles. Em semblava que em deien que tingués cura en la pujada i que quan arribés a l'església no em descuidés de pregar per les seves ànimes turmentades. El pare cavalcava davant meu en silenci, i jo continuava imaginant que sentia aquelles veus estranyes que m'amenaçaven de fer-me caure la pròxima vegada si no resava un *Pater Noster* per ells.

Un cop a dalt vàrem coincidir amb en Gombau de Besora. La seva gallarda figura sortia de la capella i es dirigia cap al refectori per dinar junt amb el pare prior, però en veure'ns va venir cap a nosaltres i ens va saludar no tant cordialment com sovint feia. Era un home de mena afable, alt, d'amples espatlles, mans de camperol i amb una mirada tan franca com la del germà Lluci. Fill dels senyors de Besora, era germà d'Òliba, bisbe d'Elna, i d'Emma Ingilberga, abadessa de Sant Joan de les Abadesses. Havia heretat els castells de Besora, de Curull i Torelló; va ampliar els seus dominis amb el castell de Montbui i les seves parròquies, el castell del Port de Barcelona, els de Cubelles, Paladalmalla i Aramprunyà, una quarta part del castell del Far i importants feus, molts concedits per la comtessa Ermessenda com a pagament pels seus consells, a més d'alous a les Franqueses, Samalús, Cardedeu, Sentmenat i la Cerdanya entre d'altres.

El motiu de la seva manca d'efusivitat tot i l'alegria de trobar-se de nou amb el pare era degut a la malaltia de la seva segona esposa, Aurucia. Temia perdre-la com havia perdut a na Guisla.

-No patiu, Gombau –li confortava el pare. –Les dones són fràgils i de seguida emmalalteixen per res. Mireu sinó la meva.

Dinaren plegats amb el prior mentre jo compartia amb en Sanç totes les experiències viscudes aquell estiu. El meu amic m'escoltava content de veure'm feliç, i ell també em va poder explicar anècdotes que ens van fer riure sorollosament. El pare prior va cridar silenci i el dolç ànec que aquell dia es servia se'ns va tornar més aviat dessaborit. En Gombau va disculpar-nos amb la seva habitual afabilitat, i el pare, que rosegava més que no pas parlava, em va mirar de reüll i va tornar a la seva feina amb el cruixent pa, l'ànec, els coloms, les faves, els espàrrecs, la salsa i el bon vi que feien els germans. Era inusual aquell àpat sumptuós, però la intenció de l'abat era clara, ja que havia de quedar bé amb els convidats, sobretot amb el fundador. Enrere quedaven les sopes aigualides i l'innecessari racionament. Però, fins quan?

El motiu de la visita d' en Gombau de Besora al monestir, a part de pregar per la salut de la seva esposa, era el de fer conèixer a l'abat Guillemund el testament que havia redactat i a on figurava el monestir com un dels principals beneficiaris. Tenia pensat d'anar a la guerra contra els moros, *ad Ispaniam*, però per si li sobrevenia la mort volia deixar els seus assumptes ben en ordre. En Gombau posava el monestir del Fai sota la tutela del gran monestir provençal de Sant Víctor de Marsella i del seu abat Isarn. El document, redactat pel monjo Esteve, començava així:

"Jo, Gombau del castell de Besora, per inspiració de la clemència de Déu, vaig començar a meditar sobre el dia de la meva mort i de quines coses donaria compte el dia del darrer judici. I entristit profundament pels meus delictes, vaig començar a preocupar-me de la meva salvació per no caure en les penes de l' infern. Vaig girar la meva vista a Jesucrist, Senyor meu, i a les paraules del seu Evangeli, que diuen: Doneu i se us donarà, i en un altre lloc: Feu-vos amics amb diners de la iniquitat, perquè quan defalliu us rebin en les eternes mansions, i en una altra banda: Feu almoina i totes les coses seran netes per vosaltres, i a Salomó, qui va dir: La redempció per l'ànima d'un baró li vindrà de la seva riquesa.

Mogut per aquestes i altres paraules, vaig començar a servir i a honorar les esglésies de Déu, d' entre les quals vaig elegir-ne una, situada entre els termes del comtat de Barcelona i el d'Ausona, i restablerta pel servei de Déu, no feta per mans d'home, sinó per l'admirable voluntat de Déu..."

En aquest testament repartia els alous que posseïa a la parròquia de Riells, a Sant Feliu de Codines, a Santa Maria de Caldes, a Sant Julià de Lliçà, a Santa Eulàlia de Ronçana, a Santa Perpètua i a l'Ametlla. El bestiar el va repartir entre el monestir i la seva esposa Aurucia. Els seus diners es repartirien en tres parts iguals, una al monestir, una altra per a la seva esposa i l' última pel pagament dels deutes que hi poguessin haver. La protecció del monestir la va encomanar al seu gendre, en Mir Geribert, que restava obligat, així com la seva filla Guisla, a protegir-lo per sempre, estenent el compromís al fill a qui lleguessin el castell de Montbui si hagués arribat als catorze anys, o sinó al castlà del castell fins que l'hereu arribés a l'edat de poder jurar, que des del MLX al MLXX va ser en Geribert Ademar, un home bo i digne com pocs.

Encara que en Gombau no va marxar a terres espanyoles fins anys més tard, aquella trobada amb el meu pare va ser propícia perquè presentés a la seva filla Ermengarda com a probable esposa meva. Va temptejar el terreny, tot alabant les virtuts i qualitats de la noia, però sabia que no calien gaires compliments: a més dels llaços econòmics que interessaven a ambdues parts, els hi lligarien més encara els llaços parentius, cosa que a en Gombau plaïa sincerament.

Poc temps enrere el pare ja havia rebut l' oferta d' en Ricolf, el senyor de Parets. Aquest oferia la seva filla Adelaida com esposa per l'Arnau, i com que al pare li semblava profitosa aquella aliança, ja havia encarregat al mossèn la redacció del contracte esponsalici.

S'establí la primavera com a data pel casament, fet que va fer possible la coneixença entre els promesos aconsellada pel mossèn. No veia amb bons ulls els matrimonis de pura conveniència, i desitjava tant per al meu germà com per a mi uns esposoris on els vincles no fossin només basats en l'augment de patrimoni o de poder. Desitjava vincles d'amor entre els contraents.

6

Un cop dins la rutina del monestir els dies transcorrien invariablement sota el lema de la regla benedictina d'*ora et labora*. Els camps s'havien de treballar, i fins i tot en ocasions en Sanç i jo ajudàvem els monjos a fer llenya, a portar les cabres a pasturar o a podar els arbres i cavar la vinya quan corresponia, tot i que hi havien els serfs per a fer les tasques més feixugues.

Vinclant els cossos un i un altre cop per a trossejar la fusta sentíem les virtuts lloables del treball. El germà Claudi seia sobre un tronc i ens assegurava que no hi havia res millor que l'exercici a l'aire lliure, que treballar respirant aquell aire fresc gaudint alhora de la proximitat de les aigües més majestuoses de tot el país. Com que ell restava allà quiet, amb només el treball dels seus llavis, jo renegava pel baix desitjant de ser a l'escriptori, allà on la tasca era més agradable i més profitosa que no pas aquella. Però com que la meva opinió no comptava per a res i el germà Claudi m'assenyalava la figura de sant Agató[13] com amenaça, l'única millora fou el suggeriment d' en Sanç de que tornés a explicar la llegenda de les quatre barres. El monjo, a qui li agradava molt llegir i explicar tota mena d'històries, no va posar cap inconvenient i va començar a relatar la llegenda de la mítica figura del comte Guifré el Pilós.

Com encenia la meva imaginació aquella llegenda! M'allunyava per uns instants de la meva pròpia vida, dels meus pensaments, d' on era, fins i tot. El fet de llegir històries o d'escoltar-les per boca d'un altre em proporcionava una llibertat fàcilment assolible, un estat d'esperit que bé podia anar de la joia i la felicitat a la pena, la sorpresa, la satisfacció o la reflexió. Els personatges se'm posaven a les entranyes i vivia i sentia com ells; em veia lluitant als camps de batalla, sentint les fiblades, veient com rajava la sang de les meves ferides, veient com transcorria una altra vida que no era meva però si ho era alhora. I les fantasies tant podien ser als llibres com al meu cap; tant era per a mi, sempre disposat a imaginar. La realitat, però, tornava quan tocaven a l'ofici de Vespres.

---

[13] Sant Agató va dur permanentment un còdol a la boca per guardar silenci.

Una nit l'abat no es va presentar ni a l'ofici ni a sopar. Afligit per una malaltia s' estava a la seva cel·la atès pel germà Lluís. El germà Lluci ens va dir que tenia febre i que la diarrea l'estava deixant sec. Era tan exagerat en les seves descripcions que la meva imaginació de seguida estava disposada a crear una figura de l'abat ben patètica, llarga i esprimatxada com era, ara amb la carn fina i transparent enganxada als ossos, la cara xuclada i els ulls enfonsats. En Lluci tallava amb nervi la ceba i els porros pel sofregit i em demanava que li expliqués coses del castell, de com preparava els menjars el nostre cuiner, de com assaonava les perdius o els conills per fer-los més saborosos. Jo, que havia passat moltes estones amb en Martí, podia guiar-lo com ben podia cap a les espècies que eren més adients, i sé que en certa manera vaig ajudar a millorar els seus coneixements. De tota manera el que mancava era matèria prima que l'abat no volia fer servir, bé per continuar essent fidel a la seva norma d'austeritat i frugalitat, bé per garrepa.

Tot sopant, el germà Lluís va explicar que per fer baixar la febre feia servir fulles i escorça de salze, i per alleugerir la diarrea res millor que menjar pomes cuites i prendre infusions tèbies de fulles de romeguera. Com que aquell hivern estava arribant rigorós, recomanà també que en Lluci preparés cada nit sopa de ceba per aquells monjos que presentaven símptomes de refredat, i el meu suggeriment a en Lluci d'empolvorar la sopa amb formatge ratllat va ser ben rebut i premiat amb la promesa de demanar que els meus treballs de la tarda fossin amb ell a la cuina i no pas a fora.

Encara va passar una mica de temps fins que aquella promesa no es va fer realitat; de tota manera, els coneixements que anava adquirint, les lectures sacres i les còpies d'algun manuscrit eren per a mi font de satisfacció, i si als oficis sovint aclucava els ulls, de seguida somiava amb els meus estudis, amb algun clàssic llatí, o fins i tot amb documents del monestir que eren guardats amb cura pel germà Guadall.

Un cop en que aquest els estava examinant, el germà Ermemir va cridar-lo i no vaig dubtar un moment en aixecar-me de la cadira i anar cap a la seva taula per veure de què es tractava aquell pergamí. Era un document fundacional que havia estat escrit per un monjo dit Ervigi, l´any MVI:

...Donem a la casa del cenobi de Sant Miquel Arcàngel, situada als marges del comtat de Barcelona o d´Ausona, la basílica de la qual és consagrada i va ser feta admirablement per la mà de Déu al lloc vulgarment anomenat Falio, tot l'alou que tenim al comtat barcelonès, en el dit Falio, a saber la gruta abans dita amb el rocam que l'envolta i amb totes les altres coves, amb els seus vessants i fonts que brollen i els rius que en ella discorren...

La crida al germà Guadall era deguda a l'empitjorament de l'abat Guillemund, i no vaig trigar a sentir les anades i vingudes, les pregàries en veu alta. A Completes, amb tots els germans plegats, les oracions eren plenament dirigides al prompte restabliment de l'abat, intentant de preservar-lo d'una mort que semblava molt propera.

Les pregàries s'alçaven al Senyor plenes de matisos. Rere la nostra bona voluntat hi havia el velat desig de que l'abat deixés d'una vegada aquest món i marxés cap allà on els sants el rebrien. O potser no? Per ventura baixaria a les fogueres de l' infern? Si era cert que hi havia un càstig per als que ho mereixien, potser ell... Però no. No podia pensar en aquells moments sobre la seva probable condemna, sobre els seus possibles pecats. Perquè potser ni tan sols existia aquell temible infern que m'havien descrit, allà on se sentien el carrisquejar de les dents i els plors i el dolor barrejat amb el fum. Tanmateix jo sentia remordiment tant per aquells pensaments com per les vegades en que havia fet burla darrere el prior, per les vegades en que l'havia desobeït expressament només pel plaer de portar-li la contra. I com jo, n'hi havia d'altres penedits, i un d'ells -me'n vaig assabentar dies més tard- era el germà Lluci.

El vaig trobar a la cuina, pesarós, mirant com bullia una gran olla amb pollastre i greix de gallina. Els seus ulls grans, francs i amables com les seves paraules van dir-me que es sentia trist, molt trist.

-Què tens, germà Lluci? -vaig preguntar amb afecte tot passant-li la mà per l'espatlla.

-Sóc un mal home, Arbert, un mal home que anirà a l' infern així que mori.

-No ho diguis això!

-Si, fill, sí. No mereixo més que Nostre Senyor m'enviï un bon càstig.

Després d'una bona estona d'insistir vaig saber, impressionat, que en una ocasió en que l'abat s'havia queixat de mala manera del gust d'alguna vianda, en

Lluci volgué resquitar-se de totes les vegades que com aquella l'havia deixat en ridícul davant d'algun il·lustre convidat. I així, prenent un gat, degollant-lo i llençant el cap[14], va treure-li la pell, va obrir-lo i va netejar-lo bé. Embolicant-lo amb un drap el va soterrar durant un dia i una nit per després disposar-lo, ja sense la tela, en un ast. El gat coïa mentre ell feia una picada d'all i oli per untar la carn un cop rostida. De tant en quan l'assotava amb unes branques verdes, i en veure que ja era tendre el va tallar com si fos un conill i va posar uns quants trossos al plat del prior, regant per sobre d'aquella singular menja la resta de l'all i de l'oli.

En sentir la recepta no vaig poder més que somriure, al principi dubtant de que allò fos cert. Però l'expressió penedida d' en Lluci era ben clara: Deia la veritat.

-I la resta del gat... A qui l'hi vas donar?

Primer els ulls d' en Lluci van riure, després els seus llavis, i finalment una bona riallada li va esclatar de la gola. La por que hi havia amagada a la meva pregunta o l'esglai i el fàstic que em va veure a la cara van trigar a aturar aquell riure encomanadís.

-No et preocupis, Arbert. La resta del gat va ser per un caminant que em va demanar aixopluc aquella nit de tempesta —va aclarir. —El seu tarannà aspre, blasfem i desagraït no em va fer dubtar a l'oferir-li un bon i saborós sopar.

Aleshores vaig riure jo. I ell després.

Però això seria dies més tard, així que tornaré al moment en que érem a l'església, pregant per la salut de l'abat Guillemund, sentint com el cant de l'últim himne s'aixecava acompanyat pel degoteig d'aigua del sostre, prop del banc on sèiem en Sanç i jo...

...*Te Deum laudámus: te Dóminum confitémur. Te aetérnum Patrem omnis terra venerátur...*

Aquella nit les neus que havien empolsat els camps i els camins feien arriscat l'anar a cercar un metge, algú que ajudés a en Lluís a aturar amb altres coneixements l'avançada de la mort. Ell, de bona fe, havia fet esprémer el suc d'unes magranes agredolces, i posant-li sucre ho va deixar a la serena. De bon matí el malalt prenia aquella preparació, i al cap de poc havia de tenir fred i

---

[14] Es creia que aquell que mengés el cervell es trastocaria.

quedar fora de perill, però no hi havia res a fer. Nous flocs de neu van emblanquinar el monestir, la vall, els camins, les gorgues i les cingleres, mentre l'abat Guillemund donava pas al *letalis hiems*[15] i deixava d'existir.

---

[15] El fred de la mort.

7

Amb el germà Guadall nomenat com a nou prior podíem gaudir d'una millora notable tant a l'hora dels àpats com a l'hora de tractar amb ell, pacífic, consolador, culte i amable com pocs. De tota manera el meu preferit era el germà Lluci, amb qui ja compartia el meu temps de feina manual a la cuina. Només eren unes poques hores, però divertides i profitoses on les nostres converses eren sovint al voltant d'una mica de vi dolç i de galetes encara calentes. Malauradament l'estada al monestir no podia ser per sempre; el final s'acostava ràpidament.

Ara, quan se m'apropa la mort i tinc la memòria a flor de pell, puc recordar amb estima els aromes i la calidesa d'aquella cuina, on als dies plujosos també hi entrava en Sanç. Els tres, *apud focum*[16], compartíem febleses, idees, pors, pensaments i anècdotes. Creixíem en Sanç i jo sota la companyia d'un home que era la figura paternal que tots dos necessitàvem en aquell temps.

-...Un dia Nostre Senyor es va entretenir a predicar a un poble, i mentrestant sant Pere, que tenia gana, va entrar d'amagat a casa d'una veïna i li va demanar que li fes una truita; però, així que se l'anava a menjar, es veu que Nostre Senyor venia, i Sant Pere va dir a la dona: Cuiteu, poseu-me-la aquí al cap. I com que la truita era bullent, al treure's el barret després, van seguir truita i cabells i tot. I sempre més va ser calb!

-Un altra història, una altra! -demanava en Sanç.

I el germà Lluci:

-Una vegada era un noi entremaliat... I vet ací el conte acabat!

-No! Més llarga, si us plau! -protestava el meu amic.

-Bé, Sanç, bé, no t'esveris... Doncs vet ací que una vegada un pobre noi sense pare ni mare que se'n va anar a córrer món. I camina que caminaràs, es va trobar perdut enmig d'un bosc, tan atapeït que no se sabia si era dia o nit. Però de sobte va veure una llum que li va cridar l'atenció, i el noi que pensava que allà hi trobaria refugi, va trobar-se que era el castell d'un gegant que cada dia es menjava una ovella del ramat que tenia, i quan se li acabessin començaria amb

---

[16] Vora el foc.

ell, amb el noi que no podia sortir del castell perquè totes les portes van ser tancades un cop va ser a dins. Però el noi no tenia cap interès en acabar els seus dies a la panxa del gegant, i mentre aquest dormia, li va agafar la barra de ferro que feia servir com a bastó i la va ficar a la llar de foc fins que es va tornar roent. Llavors era el moment de fer el que havia pensat: enfonsar-la dins l'únic ull del gegant, que dormia i roncava amb un soroll que feia tremolar tot el terra i les parets. I en sentir el dolor que la barra roent li va produir a l'ull, el gegant es va aixecar del seu llit i va començar a cercar el noi per tot el castell. No s'hi veia, però sabia que el trobaria i que després se'l menjaria viu. El noi, espantat, va barrejar-se amb les ovelles que encara quedaven, i amb una pell a sobre s'hi va posar de quatre grapes. El gegant, que no hi havia manera de que trobés al noi a cap de les cambres ni racons del castell, va decidir treure les ovelles a pasturar, i com que no s'hi veia i sospitant que el noi podia ser entre elles, anava palpant-les una a una tot dient: "Passa tu, que llana tens; passa tu, que també en tens..." D'aquesta manera el noi va aconseguir d'escapar, i un cop fora, lluny de les urpes del gegant, va cridar: "No sóc llana, que sóc pèl!"

En Sanç s'havia adormit plàcidament vora el foc i sota les paraules del germà Lluci, però vaig haver de despertar-lo per anar a Vespres.

Poc després de la mort de l'abat Guillemund i amb la intenció de netejar bé la seva cel·la, airejar-la i endreçar-la, va trobar-se una bossa de vellut morat, i deslligant la corretja que la lligava, abocà un dels monjos el contingut i va trobar-se amb un bon munt d'unces d'or, potser cinquanta o potser cent mancusos que l'abat guardava amb zel. Havia predicat la frugalitat, l'economia, la temprança, i ara ens adonàvem de que li dominava un esperit àvid, cobdiciós, gasiu fins i tot amb els aliments que ell havia de prendre. Només trencava aquelles virtuts quan en Gombau de Besora, algun altre noble, algun bisbe o algun bon home ens visitava. I mentrestant, perjudicava als monjos en pro del desitjable estat místic que afavoria un estómac no gaire ple. I la generositat del fundador no era cap obstacle. Volia veure porcs? Ja n'hi havia. Volia veure als nostres corrals aviram, cabres, conills, galls i gallines? També n'hi havia, encara que no en gaire quantitat. De tota manera, això no volia dir que els animals fossin destinats sovint al consum, doncs només els dissabtes menjàvem carn, i la resta eren enginys d'en Lluci per a millorar una dieta basada en verdures, fruites, fruits secs, i això sí, abundant pa i abundant vi.

Aquell descobriment va fer que el nou prior ens reunís per a fer una promesa:

- ...I jurant sobre el Llibre Sagrat, amb Déu per testimoni i vosaltres, germans, d'aquesta hora en endavant prometo solemnement que mentre duri el meu govern d'aquest cenobi, ningú no tornarà a passar gana, i la carn serà tan abundant com Déu proveeixi.

Jo, Guadall, declaro anul·lada des d'ara l'ordre de menjar carn només els dissabtes, perquè si el Senyor ens ha volgut donar un fundador generós que li agrada de proveir-nos pròdigament, hem de rebre-ho amb bona voluntat i alegria i donar les gràcies sempre que preguem. Serem agraïts amb l'abundància de què podem disposar i res no m'ermarà la nostra capacitat d'oració o de pensa en Déu.

Illumina cor meum Domine et verba mea de Spiritu Sancto[17]...

Una tarda va venir el pare. Havia estat prenent les aigües a Caldes i com que li vingueren amb la notícia del naixement del meu germà Guiamó, va decidir recollir-me, ja que a més s'acostaven les noces de l'Arnau. Jo ja no tornaria fins després de l'estiu. Un any més i la meva educació al monestir es donaria per acabada.

.

---

[17] Il·lumina Senyor, el meu cor i les meves paraules per obra de l'Esperit Sant.

8

Camí del castell vàrem trobar-nos amb en Severí, el pare d'en Marcel, embriac i com boig assegut vora una soca. Parlava sol, murmurant paraules inconnexes, cantant pel baix, somrient i plorant alhora. Mentre desmuntàvem se'ns apropà un pagès que després de saludar cortesament al pare va explicar que la borda d'en Severí havia patit un incendi, un horrible incendi que li ho havia fet perdre tot, casa, dona, fills, -¡fills! vaig pensar, apesarat, pensant en el pobre Marcel-. Deia el pagès que des d'aquella dissortada hora no es movia d'allà on era, no volia menjar res del que ell mateix o la seva dona li portaven. Només bevia fins que perdia el sentit. Dormia, llavors, durant el dia, sota l'ombra d'aquell pi; i per la nit alguns deien que l'havien vist rondar pels camps, parlant sol. Però com que les seves forces eren escasses, tornava sempre i aviat a la vora d'aquell pi, allà des d' on es veien les runes de la que havia estat la seva llar.

-Res! No em queda res! –es queixava en veu alta aquell dissortat, i s'amorrava de nou a la bóta que havia reposat un instant entre les seves primes cuixes cobertes amb uns calçons estripats i bruts com mai no els havia vist.

Com que la beguda li havia atordit molt i no deixava de desvariejar, el pare va decidir deixar-lo on era i després manar anar-lo a cercar. La curta cavalcada fins al castell va ser plena de la tristor que la mort d' en Marcel em duia, i un cop allà vaig veure al petit Guiamó als braços de la dida, que en veure'm arribar va somriure àmpliament com sempre acostumava i va apropar-me aquell neulit nadó que tenia els ulls foscos del pare i el cabell escàs i clar de la mare. Com que el meu germanet s'adormia, vaig anar cap a la cuina, on en Martí ja tenia llest el porc senglar amb salsa de pebre que tant m'agradava.

Vaig menjar, vaig beure, vaig descansar. Però els meus pensaments eren plens de la incredulitat que em produïa la mort d' en Marcel. I més tard vaig voler saber a on era en Severí i vaig trobar-lo a les cavallerisses, assegut de nou i ara sobre la palla. En veure'm va dir amb veu aspra:

-Ah, lladregot de porcs!

I com que l'excés de vi li havia encegat l'enteniment va aixecar-se tot alçant el puny amb la intenció de clavar-me una bona plantofada, o una bona pallissa, vés a saber. En això que el cavaller Nicolau s'arribava a deixar la seva muntura i, havent vist les males intencions d'en Severí, va estomacar-lo sense contemplacions. Doblegant-se, el pagès va deixar anar una bona gitarada sobre unes flassades velles.

-Però és pot saber què redimonis hi fa aquí aquest borratxo? -va dir en Nicolau sense dirigir-se a ningú en concret. –Ah, deu ser l'orat aquell de l' incendi de l'altre dia... No és cert, noi?

Jo deia que si amb el cap, mut per l'estat en que es trobava el pobre Severí.

El cavaller Nicolau, en veure el pare sortir en direcció al celleret, no va dubtar en anar cap a ell i explicar les males puces d'aquell borratxo recollit que era llavors estès sobre la palla, brut i inconscient. Assenyalava el pal al qual hom lligava els condemnats que eren exposats a la vergonya pública. Voldrien penjarlo només per haver-me aixecat la mà?

Els serfs i els servidors feinejaven, alguns pagesos entraven al pati en direcció al molí; d'altres sortien. Tot girava impassible al voltant d' en Severí, ignorant, abandonat a la seva desgràcia. Tanmateix el motiu de la seva condemna final no va ser aquell intent d'agressió.

Per aquell temps, el matrimoni del meu germà Arnau va celebrar-se a casa de n' Adelaida, la filla d' en Ricolf de Parets. Un clergue va actuar com a testimoni de que no hi existia incest o bigàmia i llegí l'acte de dotació i el consentiment mutu. En Ricolf, finalment, agafant a la filla per la mà dreta la lliurà a l'Arnau com a esposa legítima.

Poc després, i amb el nou matrimoni al castell, un home va capgirar el destí d' en Severí. Aquest s'havia passat bastants dies a la presó que feia anys que només estava plena de mals endreços. Era situada just al cap de l'escala que duia a la sala vella, allà on es guardaven caixes antigues, armaris, setials estripats o penells de ferro. Si en Severí s'estava allà era perquè es creia una bona manera d'aturar la seva embriaguesa i de tenir-lo controlat en aquells dies de tràfec, dies en que jo sovint em quedava adormit sota el sol de la tarda amb el rau-rau de la mola del molí. Algun cop, però, l'havia sentir plorar si m'acostava a un petit finestró del calabós i, estranyament, em sentia una mica culpable de la seva desgràcia. Així doncs, i després d'un dinar on vaig descobrir l'estupidesa i la fatuïtat de la nouvinguda que es queixava dels plats que se li havien servit, un dels pagesos benestants del nostre feu va demanar audiència al pare, que amb molt bon humor va rebre'l al saló i li va oferir vi dolç, coques d'ametlla i confits d'anís per confortar l'estómac i fer bon alè.

L'home en qüestió duia una crossa de fusta que l'ajudava a caminar després d'una mala caiguda, i en seure la va deixar recolzada a la paret. El seu semblant seriós es veia augmentat per unes celles fosques i abundoses que s'ajuntaven al mig. De primer va tastar allò que se li havia ofert tot responent a les preguntes del pare en quant a la collita, en quant a la previsió del temps, però escurant-se el coll va començar a parlar de la raó de la seva visita.

-El senyor entendrà la meva triganga a explicar aquests fets, però el coneixement de les noces del seu fill m'ha fet esperar fins ara per a no pertorbar-lo.

-De quins fets parles, bon home?

-De l' incendi de can Roget.

-Què hi ha de nou, doncs?

-Doncs que el meu petit Jofre va veure com el mateix Severí hi calava foc i després marxava cap a l'arbreda. La pobre Maria, que era a l'hort, en veure el fum va córrer cap a dins amb tan mala fortuna que part del sostre va cedir damunt seu. El fill gran ja corria des de lluny en veure el foc de ca seva, però res no va poder fer que no fos ofegar-se amb el fum i amb la desesperació de no poder treure d'aquell infern ni a la mare ni als petits...

-Quin espant... –va dir la mare sense esma.

-I dius que el teu fill ho va veure? I com és que no se m'ha fet saber fins ara?

-Fins fa poc jo mateix tampoc no ho he sabut. El meu petit, de l'esglai, no m'ho gosava dir, ja veu. I com que se celebraven les noces del seu fill m'he estimat més esperar una mica.

-Bé, bé, està bé –deia el pare, ara ben capficat i havent perdut tot el bon humor d'aquell dia.

-I què pensa fer, senyor? Tinc entès que aquell desgraciat ara és aquí al castell, a la presó. És o no?

-És, però ara serà millor que te'n vagis.

El pare havia de pensar, havia de decidir el destí d'en Severí. Era clar el seu lleig delicte, però també ho era el fet d'estar totalment alienat per la beguda. O potser no? Aquest era el dilema a plantejar-se, i encara que ell ja hi estava avesat a jutjar, no per costum li era més fàcil.

Finalment, després d'uns dies de deliberació, el pare, el mossèn i el batlle van decidir castigar al culpable de l' incendi i de les morts. I el dia convingut perquè el botxí es fes càrrec de dur a aquell pobre home a l' infern, va ser un dia nét de núvols però brut de la sang que vessaria. No vaig poder estar-m'hi amb tots els aplegats al pati, que era ple d'una munió de curiosos que també omplia l'entrada del castell. Els ulls dels homes es delien per veure aquella mort que els treia de les seves costums, dels seus hàbits, del seu avorriment. Les dones s'ho miraven potser amb la compassió de que és plena el seu caràcter, però tot i això, cridaven també, i fins i tot amb més força quan veien aquell home malforjat, amb el gipó i els calçons esquinçats i tant o més bruts que la seva cara lletja i plena de nafres. Pujava a l'estrada acompanyat de dos guàrdies i jo fugia i tractava de no pensar més en ell, en la seva culpa, en el seu delicte, en la mort dels seus fills, del seu fill Marcel, el meu amic Marcel... Jo fugia tancant-me a la meva cambra i concentrant-me en l'estudi. Què més podia fer?

Encara que el pare, aprofitant la meva facilitat per l'aprenentatge, m'havia introduït en els seus llibres de comptes, jo no hi posava cap interès i aviat ho va haver de deixar córrer. Després de tot l'Arnau era l'hereu, i a ell li corresponia el privilegi de conèixer l'estat de les terres, si eren seixanta o vuitanta les mitgeres[18] de blat produïdes aquell any. Però si volia ser útil al castell, havia de trobar alguna feina que m'agradés fer. De moment només sabia que la meva inclinació era la lletra i no els números; el coneixement, no el poder.

Però aquest món és fràgil, i d'un dia per l'altre tot canvia. Per bé o per mal però canvia.

---

[18] Mesura de grans.

I va arribar el temps en que vaig deixar enrere el monestir de San Miquel. Vaig deixar enrere també una mica d'innocència, una part de la meva joventut ara educada i oberta a l'enteniment de texts clàssics llatins i els llibres litúrgics. Molt més m'hauria agradat aprendre, però amb l'ajuda de mossèn Guillem la meva ànsia d'estudi no quedaria abandonada, d'això n'estava segur.

S'havia concertat el meu casament amb una de les filles d' en Gombau de Besora, Ermengarda, per al primer dia de primavera, però fins aleshores ens esperava un hivern dur. Als matins, m'arribava fins als camps, allà on els pagesos que es cuidaven de les nostres vinyes aprofitaven l'espai buit entre les rengleres de ceps i hi plantaven arbres per aprofitar les fulles com a farratge i la fruita que després es colliria. També supervisava les feines als tres pous de glaç que teníem al feu. Allà, uns quants homes treballaven a les basses prop del riu on de l'aigua gelada en feien blocs que emmagatzemàvem als pous fins a l'estiu.

En aquells dies, la taula del castell s'omplia de codonys dolços com imaginava els llavis de la meva promesa, de magranes rodones com els seus pits. Poc coneixia jo els camins de l'amor, però ja el meu germà i la seva dona m'havien donat una idea de com un home i una dona es trobaven, de com s'estimaven a les nits, ja que en una ocasió la porta de la seva cambra entreoberta va fer que m'acostés com un lladre per robar uns instants d'intimitat. Però aviat, molt aviat, jo mateix experimentaria aquella materialització d'un amor que ja començava a créixer dins meu, somiant amb aquella noia que comptava els meus mateixos anys i creixia com jo acompanyada per la lectura i les inquietuds pel saber.

La majoria, per no dir totes les dones que jo coneixia, vivien per a la cura del seu cos, de la seva cara i el seu cabell. Quantes vegades havia vist a la mare o a la meva cunyada pintant-se la cara amb ungüents, alguns, segons me'n vaig assabentar després, mescles de pa fresc pastat amb sang i sagí d'animals. L'Adelaida, que era de cabell fosc, se l'aclaria amb sofre i aigua, però algunes serventes deien que una dona mig bruixa mig curandera que hi havia a Granollers li preparava una barreja de sagí de serp i de guatlla. Tant l' Adelaida com la mare es miraven als seus espills i es treien els pèls del bigoti i de les celles amb un vidre fet just per aquesta tasca. Feien servir sabons de diverses cendres, lligaven cabells al voltant de les berrugues per tal de fer-les caure i es perfumaven el cos amb almesc i amb alguna que altra substància que algun mercader hagués portat en les seves visites al castell, generalment cap al solstici d'estiu.

Per a mi tota aquella feina era excessiva, però em divertia mirar d'amagat i veure aquell interès per a semblar sempre belles als ulls de tothom.

La que seria la meva dona si que ho era de bella i de formosa, de natural, i mai no vaig veure, un cop casats, que fes servir afaits de cap mena, només perfum, i un perfum que m'atreia cap a ella de tal manera que no era difícil pensar en si aquella dona de Granollers de la qual molts parlaven, no hauria preparat cap encanteri màgic per a mantenir sempre vius el nostre amor i la nostra passió.

Però abans de la felicitat que em donaria l' Ermengarda he de parlar dels fets que van canviar la meva vida.

10

Amb un dels ajudants d' en Martí, en Guiu, vaig sortir al bosc per a cercar fulles de grèvol. L'intens fred de l' hivern feia sortir penellons a molts dels residents al castell i es feia necessari pal·liar la irritant coïssor. En Guiu mateix assotava amb aquelles fulles els peus afectats fins a fer-los sagnar. També aconsellava ficar-los al matí en un gibrell amb vi o -remei fastigós- orins. Ell sempre tenia a punt una solució per a cada problema de salut que es pogués presentar. No li mancaven ni la imaginació ni les ganes de solucionar la vida a la gent, així que encara que algun cop errés en els seus consells, van ser moltes les vegades que la seva intuïció va funcionar, ja que coneixia les herbes i els seus bons efectes, tot i que sovint deia que el millor per a la salut era un bon glop de vi, i si aquest era aspre i fort, millor que millor.

En tornar, cansats i amb el nas i les mans gelades, vàrem veure que no hi havia cap guarda a la porta. Tampoc no hi havia ningú al pati, on regnava un silenci estrany. Fosquejava i en Guiu m'empenyia cap a endavant, mirant a un costat i a l'altre, apressant-me perquè entrés a la cuina. Allà, en Martí era vora el foc encès, i no vigilava cap cassola ni feia girar carn sobre les flames. Amb el cap entre les mans i els colzes sobre els genolls, seia en una cadira petita i baixa, i en sentir que entrava algú va aixecar-se i va mirar-me sense saber ben bé què dir, però els seus ulls ja ho deien tot.

-Però Martí, es pot saber què passa? –va preguntar en Guiu, ben estranyat.

-Vine, Guiu, vine.

Els dos homes van sortir deixant-me al costat del foc. Res no sospitava jo, tot i que la manca de sopar fet m'escamava un tant. Com que tenia gana vaig tallar una llenca de pernil i una bona llesca de pa per passar l'estona mentre m'escalfava.

En Martí va entrar de nou i va fer-me anar a la cambra de la mare.

-Ara mateix hi he d'anar? –vaig protestar. –Encara m'estic escalfant els peus!

La seva mirada severa va interrompre les meves queixes i va fer que l'obeís.

L'Arnau era al costat de la mare, assegut al llit i agafant-li les mans. Plorava com mai l'havia vist plorar.

-Arbert, germà... –va dir-me amb un fil de veu. –Arbert... el pare... el pare és mort. I la mare... la mare... –sanglotava- no ho ha pogut resistir i s'ha desmaiat, però d'això ja fa hores i no recupera el coneixement. Em sembla que... em sembla que...

-No es morirà! –vaig cridar. I vaig córrer cap a l'altra banda del llit per abraçar-me a la mare, freda i pàl·lida.

Jo ja començava a plorar, i el meu germà, per no fer-ho més, va explicar-me la fatal visita d'un tal Gibert de la Costa, a qui faria cercar i faria matar i que Déu el perdonés després. La intenció d'aquell bergant era el cercar recolzament entre alguns poderosos de la nostra comarca, i va voler el destí que aquell dia en que havia escollit parlar amb el pare, l'excés de vi torbés els seus pensaments i el control de la seva espasa. Amarat per violentes emocions, va provocar una forta discussió que el pare amb el seu caràcter no va tractar d'apaivagar ni molt menys. Però una cosa eren les rudes paraules o els crits, les baralles; i altra l'atac per l'esquena que va ferir de mort al senyor del castell, al que es feia anomenar Bernat Ponç: el nostre pare.

A corre-cuita, lluitant els seus cavallers contra els nostres, en Gibert marxava rient com boig, deien els qui ho van sentir. La mare i l' Adelaida van sortir de les seves cambres espantades per l'enrenou i el soroll de les espases, però tant la Caterina com les altres serventes les van aturar al cap de l'escala per tal que no veiessin el cos del pare, de bocaterrosa i voltat de sang. La determinació de la mare va fer-la avançar, però en veure l'espòs abatut, va enfonsar-se, aclaparada per la por i pel dolor, perdent el sentit i la consciència.

Desgràcia era l'única paraula que es podia sentir tan castell endins com castell enfora. Els dies següents, amb els pares encomanats a la gràcia de Nostre Senyor i a la bondat dels cels, tot era buit de sentit i ple d'amargor. Després d'uns dies de dol l'Arnau volia encarregar-se personalment d'aquell vil personatge i ja havia fet indagacions en quant a on era i com se'n venjaria. Però no va tenir temps. Ara em sembla que tot el seu odi se li va podrir a dins. La seva pròpia fúria li va rosegar el cos i li va dur unes setmanes de malaltia. En recobrar-se d'aquesta i havent de sortir als camps amb el batlle i alguns homes per revisar una sèrie de terres i reclamar pagaments als pagesos que no ho havien fet, un gos li va sortir al pas i, abans de que ningú no pogués evitar-ho, la mossegada el feria a la cama i el feia doblegar-se de dolor. Les cures a la ferida amb aigua bullida i llimona no feien efecte. En quant al gos capturat, que deixava anar molta saliva i era salvatge com un llop, es va decidir sacrificar-lo, i com que el meu germà era de tarannà rancuniós, va ordenar que fos penjat al pati i cremat viu davant de tot aquell que volgués veure el càstig.

La recent mort dels pares m'impedí de protestar, i els udols del gos sempre restaran a la meva memòria com a símbol d'un temps en que la venjança no va poder evitar que l'Arnau morís a mans d'aquella ferida.

Més desgràcia. Més dolor al castell.

I n' Adelaida, ferida en el més profund de la seva ànima per la pèrdua del seu marit, trobà refugi en els braços d'un dels nostres cavallers, en Nicolau, i durant un temps la seva pena va restar alleugerida gràcies a la passió i a la novetat, gràcies a l'oblit que l'amor del cavaller li duia. Però aquest, que era conegut per la facilitat que tenia per a estimar tota mena de donzelles, va abandonar la dissortada Adelaida. Embogida llavors per no saber entendre que el seu cor necessitava calma, es negà a sortir mai més de la seva cambra i durant quatre anys s'hi va anar fonent a poc a poc, com una espelma.

Malgrat tots aquells terribles successos, en Gombau de Besora va parlar-me de la conveniència de contraure el matrimoni pactat amb l' Ermengarda. Ara que jo assumia el càrrec de senyor del castell de Lliçà de Vall, el Castrum denominat Licano Subteriore, em convenia l'estabilitat que ella em podia dur. De tota manera i dissortadament, no vaig poder fruir com convenia de la meva nova condició de marit. Em van caldre uns mesos per a reflexionar i pair les responsabilitats que a partir de llavors em corresponien.

11

Al castell paraven alguns bards que sabien relatar amb gràcia llegendes i històries que entretenien als qui les volien escoltar. Però jo no aconseguia distreure'm, doncs el meu cap sempre era a les meves arques, a la conveniència o no d'exigir els censos a aquells que havien tingut mala collita. El batlle Raymón, que ja repapiejava, feia enviar pel seu compte a homes per reclamar els pagaments i no dubtava en manar emprar la força per aconseguir el que ell creia just, el que ell creia que el pare volia des del cel. Però si en un primer moment jo em vaig deixar dur per la inexperiència, pel dolor que encara sentia, no vaig trigar a adonar-me'n de que aquella suposada ajuda era sempre en benefici seu, que amb l'edat es tornava dia a dia més cobdiciós.

El cavaller Joan, que era sempre al meu costat i em confortava amb la seva sola presència, m'alertà dels beneficis personals que el batlle treia degut a la meva lassitud i a la meva desgana per la mena de feina que havia de fer i no em veia amb cor. El meu únic ànim es dirigia a llevar-me tard al matí i llegir salms, llegir els miracles de Nostre Senyor Jesucrist. La meva dona em duia a la cambra les saboroses menges que en Martí i els seus ajudants preparaven, però jo no em veia amb cor de menjar gaire, i en aquell temps em vaig aficionar a la sopa de llet amb farina d'arròs i fruita seca, cosa inhabitual en mi. La tristor m'havia mudat per un temps la gana i vaig deixar de banda la meva presència a la nostra gran i sumptuosa taula. Sovint amb una menja al dia en tenia prou. Ni tan sols gaudia del vi al meu paladar.

L'Ermengarda va començar a preocupar-se per la meva salut quan va veure que dormia massa i només en comptades ocasions em deixava dur per l'amor que sentia per ella, aquella doneta formosa que Déu m'havia donat. La seva veu al meu costat va fer créixer en mi de nou la força, i la por a les responsabilitats va anar desapareixent poc a poc fins a donar pas a un matí en que vaig cridar al batlle per sentir l'estat de comptes.

La seva feina havia estat en general bona, doncs el seu esperit era ben inclinat als números, a les monedes i als recaptes en espècie. Sempre sabia com aconseguir el millor, com treure profit de tot el que se li posava al davant. Però com ja he dit, a vegades s'excedia un tant amb els pagesos pocs afortunats, emprant en ocasions la força i les males accions. D'això me n'havia parlat en Joan i ara jo pensava tallar-ho de rel. Solíem fer, i encara fem, préstecs en cereals a famílies que per una mala collita s'endeuten per a no passar fam. Llavors, com a garantia, sovint són presentats béns mobles com armes o peces d'argent, o béns immobles com terres o vinyes. És dur per als pagesos haver d'assumir el risc de perdre tot el que tenen, però així és el món, i Déu en ocasions no escolta les pregàries. Jo sí les escoltaria. Pensava seriosament en establir un règim a l'àrea del meu castell en el qual tothom pogués viure amb el necessari. No volia injustícies ni patiments si la nostra terra era en general fèrtil i bona i podia ser generosa amb tothom. Jo no podia permetre que algú del meu feu passés gana, penúries i pors a l'arribada del dia de la tornada del préstec. Bé es podia allargar el termini, bé es podia concedir temps i ajuda als dissortats. I els excedents es repartirien i també podrien ser comercialitzats als mercats. Tothom viuria segur i confiat al meu feu, a les meves terres.

El batlle Raymón va posar el crit al cel. Renegà i apel·là a la memòria del meu pare que al cel fos. Començava a parlar de la ruïna i del desastre, del final dels temps. En Joan, que era amb mi i somreia per l'exageració d'aquelles paraules i la grandiloqüència dels gestos, de cop i volta va disculpar-se i va estimar-se més esperar a fora. Jo li exigia de romandre al meu costat, però ell reia i deia que en tot cas la reunió era millor celebrar-la al pati, o potser al camp del costat del molí. Al principi, no entenia la seva actitud preocupat com estava amb la possibilitat de que fossin certes les teories del batlle, però, finalment, vaig adonar-me que aquest últim anava fluix de molles, vet ací la impaciència d' en Joan per sortir de la cambra tot fugint de la pudor que començava a escampar-se. I com que el batlle seguia amb el seu exagerat moviment de mans i amb aquells crits que li envermellien les galtes, jo no veia com donar per acabada la reunió si no era amb una bona excusa. Encara estava acostumat a sotmetre'm un tant a la voluntat dels altres, i m'era dur imposar la meva. En Joan em va ajudar.

-Calleu d'una vegada, Raymón! Tant el senyor com jo estem segurs de que la seva intenció ha estat bona, però a partir d'aquest moment no necessitarem més els seus serveis si no és capaç d'acceptar els canvis. -Va dir, just amb els meus pensaments.

La cara del batlle era plena de sorpresa i desencant. Va fer un pas enrere i després un altre, i abans de que a la seva expressió s'hi reflectissin la ràbia i la decepció, va sortir de la cambra seguit de nosaltres dos, que ja desitjàvem sortir a respirar l'aire clar i net de la tarda.

En Raymón ja comptava amb seixanta anys i el seu cap va començar a fallar, com ho feia la seva vista. Des de que havia estat rellevat del seu càrrec no era el mateix home sagaç i sovint s'abandonava als plaers de la taula amb excessiu delit. Mai no va fer-me cap retret, però jo li podia veure als ulls la tristor que la meva decisió -o potser la decisió d'en Joan?- li havia dut a la seva existència. Les seves energies eren llavors, com he dit abans, dirigides als plaers que proporcionava el menjar, però s'hi lliurava de tal manera que veure'l engolir es convertia en un espectacle fastigós.

Els seus dits a taula sempre eren plens de greix, i els seus llavis molsuts i el seu bigoti clar sempre tenien restes de salsa o de carn. Quan es treia les espines del peix de la boca ho feia amb tan poca gràcia i refinació que els presents havíem de dissimular el fàstic i la repulsió en veure aquells dits com botifarrons entrant a la seva ampla boca de bou. L'edat o alguna malaltia del cervell l'havien tornat groller i no era estrany sentir-li dir bajanades referides a les donzelles o a qualsevol dona del castell, incloent-hi la meva, cosa que va fer-me decidir que des d'aleshores ell sempre menjaria a la cuina. Va mirar-me com si no hagués entés, com si els seus ulls no em veiessin. S'aixecà de la taula i trontollà una mica abans de començar a caminar per sortir de la sala. Aquell moment va ser l'últim en que vaig veure'l amb vida, doncs hores després va sortir del castell cap al bosc per a no tornar més. El van trobar sota un pi tombat per la tempesta de vent que es girà violenta, al costat d'un gat mesquer també mort. I qui havia estat batlle calculador, golafre, sorneguer i aïrat era ara un home fred i encarcarat amb ulls oberts i esgarrifosos.

Va morir *sine arbitro*[19], sense més companyia que la nit i els crits del vent. No podia evitar el sentir-me culpable d'aquella mort un tant absurda. El mossèn,

---

[19] Sense cap testimoni.

en Joan -que a partir de llavors s'encarregaria de cobrar els impostos i de l'administració- i l' Ermengarda, em repetien que li havia arribat l'hora, que tant hauria pogut morir a la taula, com al seu llit com en qualsevol moment i en qualsevol lloc. Només Déu era al corrent de les vides dels homes. Només ell donava i treia. Ningú no es podia fer responsable d'una mort així. Però a dins meu es repetien els arguments que feien que em qualifiqués d'imprudent, d'impetuós. Si jo no l'hagués fet fora ell no seria mort a hores d'ara. Si jo no l'hagués destituït del seu càrrec no hauria derivat a aquell comportament que tant em va desagradar.

-No, Arbert, no! Els camins del Senyor són desconeguts i ningú no pot saber què passarà. Ningú no pot canviar el que ja ha passat, tampoc... -m'assegurava en Joan. -T'hi estàs massa temps aquí dins i hauries de distreure't més per fugir d'aquests pensaments dolents que et torturen. Per què no véns a la cacera de demà?

Jo no estava en condicions de caçar, que tampoc havia estat mai una de les meves aficions. Però vaig accedir convençut per l'ànim que en Joan va posar a les seves paraules.

12

A la tornada dels boscos de Riells, amb els animals morts com a grans trofeus, un dels homes va començar a explicar una història. Es tractava d'un dels caminants que feia poc havia vingut al castell i s'hi havia quedat per treballar a les cavallerisses, doncs la seva arribada va coincidir amb la mort accidental d'un mosso. Ja l'havia sentit parlar en alguna ocasió, però aleshores va ser el moment en que més interès vaig posar:

-Doncs el meu avi, que al cel sia, em va dir d'un home que va tornar després de mort.

-Apa, Sunyer, que no estem per romanços ara...-va queixar-se algú.

-No, home no! Que expliqui, que expliqui! –va dir un altre, picat per la curiositat.

-No, no, si no voleu que us distregui no cal que us expliqui res...-va respondre el mosso, altiu.

-Però si tu el que vols es ficar-nos la por al cos ara que aviat es farà fosc!

-Por? Vós parleu de por amb aquesta fila de bèstia que feu? Qui gosaria mai fer-vos por, a vós?

Com que el caire de la conversa anava cada vegada més cap a la baralla, vaig posar ordre manant que en Sunyer expliqués d'una vegada el que havia d'explicar, i qui no volgués escoltar que no ho fes, i que si volia podia avançar més de pressa per arribar abans al castell. Però ningú va fer res per canviar la seva posició i en Sunyer va poder continuar:

-Doncs vet ací que una nit en què es va fer la vetlla d'un home mort per haver menjat uns bolets que no coneixia, van arribar al mas en qüestió unes velles per acompanyar la vídua. Aquelles velles semblaven no cansar-se mai de pregar i deien que amb més pregàries més fàcilment aquell home entraria al cel mentre la vídua arronsava les espatlles, resignada. La família va marxar de bon matí, cansats i afamats, i aconsellaren a la vídua de descansar fins a l'enterrament. Ella que no, que no volia ser lluny del marit, però com que la son li podia més, va fer cas de la seva família i de les velles que li deien que es quedarien pregant fins a la tarda, a l'hora convinguda per donar sepultura al mort.

I com que la vídua veié que semblaven bones persones i va veure que així farien companyia al difunt, va acceptar d'anar a dormir...

...I aquell matí boirós algú va veure des d' un forat a la paret com aquelles velles treien de les seves faldilles pa i carn, i també ampolles de vi que aixecaven enlaire per després beure amb delit. Bevien i menjaven sense parar, amb riotes estremidores; i diuen que una d'elles va agafar una mà del mort i la va sacsejar, i després l'altra, i després li va escopir a la cara i li va tirar per sobre un bon raig de vi que semblava sang... Qui va veure allò creia veure visions, creia que somiava i que Déu mai no el perdonaria per tenir aquella mena de somnis sacrílegs. Les dones, que parlaven un llenguatge desconegut enmig d'aquella dansa infernal, cantaven, reien i ballaven, i res no semblava aturar-les, doncs per algun misteri que només el diable sap, ningú no les sentia, ni tan sols la vídua que dormia a la cambra del costat...

Fosquejava i un dels nois més joves que ens havia acompanyat tremolava, no sé si per la fresca o per la pròpia imaginació que se li posava als ossos. En Sunyer, després d'una pausa per fer un bon glop de la bóta que algú li va fer arribar, va prosseguir així:

-... I les dones que ballaven, menjaven insolentment i cantaven cançons en una llengua desconeguda que segur era la llengua de l' infern, barreja de totes les llengües del món, van provocar l'ira de Nostre Senyor que per espantar-les va fer que el mort s'aixequés de sobte i comencés a parlar. I de la seva boca brollava aigua beneïda, i dels seus ulls fugien espurnes d'amor, i de les seves paraules es desprenien versicles del Llibre Sagrat. Perquè Nostre Senyor no volia que aquell home anés a les coves de l' infern amb aquelles velles que començaren a xisclar, esporuguides pel que veien, perquè sabien que aquell home havia pecat molt i havia comès actes tan impurs que l'impedirien de trobar el descans etern. Ara no podien baixar-lo a les tenebres, ara no podien sinó tornar amb les mans buides, doncs aquell pecador va reviure i es va penedir de tots els seus pecats. I les velles, que no deixaven de cridar, van córrer cap al bosc i allà algú les va veure desaparèixer per sota una gran surera, que també va desaparèixer quan elles van entrar. I l'home que havia tornat de la mort va rebre milers de persones a casa seva que venien en peregrinatge. Rebia a tothom i regalava l'aigua beneïda que brollava de la seva boca, una aigua que guaria tota mena de malalties...

-Bah –va fer en Joan. –Això només són contes de velles!

Però en Sunyer insistia que no, que era cert, que el seu avi no en deia mai de mentides. I jo, no sé perquè, però me'l creia.

Era entrada nit quan arribàvem al castell. L' Ermengarda m'esperava al llit i la vaig abraçar com si la meva nau hagués naufragat enmig del mar ferotge i jo hagués trobat una fusta que em duria sa i estalvi a terra. Els seus ulls a la llum d'una espelma quasi esgotada em van dir que mai no em deixaria, i encara que sentia el plor del petit Guiamó aturat després per la Caterina, no vaig poder més que dormir tranquil i feliç per sentir el càlid cos de la meva dona al costat, sempre al meu costat. Aquella nit engendraríem el nostre primogènit, en Bernat.

13

Caput est ut quoeramus[20]. I jo ho feia entre la lletra i la meva terra, una terra que em proporcionava riquesa tan material com espiritual. Les tardes en que sortia a passejar pels camps olorava la terra en guaret i la terra treballada. Agafava un terròs i el deixava anar fent-lo relliscar per la meva mà, sentint el pas del temps entre els dits. I quan tornava, després de despatxar amb la tropa, després de solucionar plets entre serfs i revisar l'estat dels tributs, m'esperaven els pergamins i la ploma, doncs traduïa les sacres escriptures a la nostra llengua tot continuant la tasca de mossèn Guillem, que ja no s'hi veia i havia de caminar amb un bastó que li havia fet en Sunyer, compadit en veure que el capellà es feia el fort però ensopegava per on passava.

Per aquella època vàrem perdre el meu germà Guiamó. Els vòmits i la febre el van consumir i ningú no va poder fer res per salvar-lo, i si bé la mort del petit va ferir de nou la meva ànima, la crosta que se m'hi anava formant al cor semblava aturar més fàcilment les llàgrimes.

Mossèn Guillem també va deixar aquest món, com ho va fer la dida Caterina. Les morts s'anaven succeint al meu voltant tan de pressa com creixien les males herbes. Jo mateix vaig trobar el mossèn vora una torre de guaita, i la seva mirada era plàcida i lliure. Semblava trobar-se a gust en aquell paradís on devia ser; cap mala visió li torbava els ulls que jo vaig tancar amb un gest d'adéu, de trist comiat. Em confortava la idea de que trobés al petit Guiamó, i als pares, i a tots aquells que reposen en la calma del Senyor.

La seva mort, o potser totes plegades, va aturar la meva tasca amb els llibres litúrgics. Em va provocar, però, la necessitat d'ocupar les llargues vetllades d'hivern amb una tasca manual. Necessitava ocupar els meus dits, les meves mans i la meva intel·ligència en alguna altra cosa que no fos llegir o escriure. I la solució me la va donar el mateix Martí, el cuiner, quan va emmalaltir havent de romandre al llit. Ell em va donar la idea de fer-me càrrec dels àpats que es servien al castell.

Vaig començar a viure envoltat pel morter, pel ratllador, el sedàs, el molinet, l'ast, el trespeus, les graelles, la llenya encesa, la flama viva, el greix

---

[20] L'essencial es que busquem.

fumejant. Amb els coneixements que tant en Martí com el germà Lluci m'havien transmès feia perbullir les verdures per tal de rebaixar el fort gust que algunes podien tenir, i en el cas de la carn per blanquejar-la i rostir-la després. Normalment només supervisava les feines i tractava de millorar els procediments aconsellant la tria dels millors ingredients, però l'afició m'empenyia a provar l'elaboració de plats sencers que malgrat no estigui massa bé el dir-ho, van ser coneguts per tota la contrada, i molts foren els que vingueren al castell atrets per la fama de la nostra cuina que viatgers i convidats escampaven. Molts deien meravelles, sobretot aquells acostumats a passar menjant ous, cansalada i carn amb l'únic gust de les braser. Però només era qüestió d'una mica d'imaginació i de voler fer servir tot el que ens donaven la mare terra i els animals. Així, es pot dir que fruïa amb l'arribada a la cuina de les albergínies, els espàrrecs, les cebes, les cols, les pastanagues, els enciams, els alls i les carbasses que em portaven els pagesos del feu. De Granollers i Vic venien carros que portaven arròs, fruites seques, mel i oli; i un cop per setmana, arengades, llobarros i peix de roca de Mataró.

I qualsevol comprendrà que amb el temps i l'experiència no m'era cap problema el preparar un dels plats més opulents, com ho era el paó reial rostit a l'ast amb la salsa dita de *pago*, i presentar-lo a taula amb el cap i el coll, les ales i les plomes de la cua. En triava un bon exemplar i feia matar-lo el vespre abans de la festa: Havien de fer-li un tall dins de la boca en direcció a la orella per poder treure tota la sang, després li eren tretes les plomes del cos a excepció de les del coll, el cap i la cua, i li buidaven la part posterior amb un altre tall per tal de treure les vísceres. Amb draps de lli, que el nostre feu produeix en abundància, embolicava el cap, el coll i la cua abans de socarrimar l'animal i assaonar-lo. Arribava el temps de disposar-lo a l'ast i mullava amb aigua els draps per després començar-lo a rostir untant-lo de tant en tant amb greix. La flaire era magnífica, i quan arribava el temps en que ja se li veia el punt, el treia de l'ast, li llevava amb cura els draps i l'apuntalava amb agulles petites per tal que semblés tot una peça, amb el coll, les plomes i la cua ben alts. I així, ja era preparat per servir a taula davant els ulls dels convidats, ben oberts quan entraven els servents amb les peces acompanyades de rengleres de taronges a daus i algunes senceres enfilades en diferents asts. Un cop després de la presentació es trossejava el paó i es servia als talladors, preparat per ser paladejat.

Com que els meus ajudants aprenien de pressa i en Martí aviat va estar restablert, vaig començar a limitar-me a donar el meu parer respecte dels diferents plats, i així, refiant-me del treball dels altres, em vaig dedicar a provar nous condiments, nous productes per a variar els sabors. I així, el suc del raïm verd, de gust àcid, era ideal per aconseguir sabors agredolços doncs s'agermanava bé amb la mel. I procurava de comprar als comerciants de Granollers la major i més variada quantitat d'espècies, a destacar d´entre elles la galanga, tan apreciada i cara com intensos eren el seu sabor i el seu aroma. Preparava amb gust la llet d'ametlles, resultat del brou de gallina i de moltó barrejat amb ametlles ben picades. Aquesta barreja la deixava reposar des de tèrcia fins a nona i després la feia passar per un drap de lli. Era la llet que el meu fill Bernat s'estimava més beure un cop va deixar de prendre la de la seva mare, doncs la de les nostres vaques no li anava gens bé.

En Bernat... El petit Bernat que va néixer quan començava l'any MXLV, un any que ens va dur unes terribles pluges que van fer que el Tenes es desbordés i s'endugués tot el que trobava al seu pas, fos arbre, animal o pedra. S'eixamplà de tal manera que alguns petits ponts construïts antany pels nostres fundadors romans, desapareixeren com si mai haguessin estat aixecats.

Va ser per aquells temps quan es succeïren els assalts contra el comte Ramon Berenguer I per part de l' autotitulat príncep d' Olèrdola, en Mir Geribert, i els seus cosins, el vescomte Bernat Udalard i el bisbe Guislabert. Deixaven de reconèixer l'autoritat del comte, refusaren les franqueses del Vallès i del Penedès i van promoure un cop de força en intentar assaltar el palau comtal. La relació amb el sogre d'en Geribert que no era un altre sinó el meu propi, ens protegia en part, però tot i així no deixava de témer la seva visita cercant recolzament. Prou feina tenia jo amb aquella desgràcia natural per a assumir els problemes que per altra banda el comte va saber solucionar negociant amb els seus germans la reunificació dels comtats.

I les aigües havien negat molts conreus, i molts pagesos s'aplegaven a l'església i també al pati del castell, queixant-se, preguntant què farien ara sense casa ni terra ni animals, perquè alguns havien perdut vaques i ovelles i gossos i porcs que, enduts pel corrent, van ser trobats dies després mig soterrats pel fang i els troncs. I va haver qui explicava esgarrifat la sensació de trobar de sobte entre el fang, els arbres caiguts i l'aigua, un braç que surava, o un veí seu cridant ajuda o una dona ja morta, inflada i plena de blaus. Deien que uns nens s'havien pogut salvar gràcies a l'arbre on s'havien agafat. Explicaven que no el deixaren d'abraçar per res del món mentre el corrent i el fred de l'aigua els gelava els peus i les cames, i que els hi semblava que d'un moment a l'altre se'ls hi acabarien les forces i que el fort corrent se'ls enduria riu avall.

Tot això m'ho explicaven i no m'ho acabava de creure, però els crits al pati em tornaven a la realitat, desitjosa de solucions. Era clar que els afectats necessitaven aixopluc, menjar calent i cures, i així, es va haver d'habilitar la presó, que era gran i sempre buida a excepció d'ocasionals visitants com ho havia estat en Severí. Si bé aquella dependència del castell era freda i buida, la vaig fer omplir de palla i de flassades perquè ningú no passés fred a la nit, que encara era temps en que refrescava. Els homes, com sempre volent tenir cura de les seves famílies, començaven a queixar-se de la seva situació i exigien noves terres i noves cases allunyades aquesta vegada del riu. I sí, de seguida vaig cedir peces de terra lliure perquè les hi treballessin de nou, hi visquessin i en treiessin bon fruits, bones collites. Tot i essent una desgràcia natural em sabia responsable de les famílies que vivien al meu voltant, i el fet de donar terra lliure de censos era un rescabalament que em sentia obligat a fer. Per la pau al feu i per la justícia.

14

Un any després del naixement del meu primogènit la meva esposa ja esperava al nostre segon fill, en Jacme. Va néixer dèbil i neulit, però les atencions i la bona llet d'una dida jove i robusta van fer d' ell un jove alt i ample d'esquenes que amb el temps seria un dels homes més bens plantats de tota la contrada. I després d' en Jacme, sense comptar alguns fills dissortadament morts abans de néixer, vàrem tenir amb nosaltres tres més, en Guerau, en Berenguer i na Blanca.

Ara, quan sé que se m'acosta la mort i vull deixar escrites aquestes paraules perquè restin com a testimoni del meu pas pel món, crec que vaig engendrar bons fills, bona gent que sabrà mantenir el domini del castell. Res més puc esperar ara de la vida que no sigui que aquestes parets que m'envolten siguin sempre part de la nostra sang. Confio en que els meus descendents tindran cura de que mai el castell passi a mans alienes. Confio i espero que sigui així, i si no, Déu disposarà el convenient destí d'aquests murs, d'aquestes les meves terres.

I ara els records se m'emporten cap a l' ocasió en que un caminant arribà una nit de tempesta al castell. L' hivern aquell era rigorós i el nou mossèn, anomenat Seniofré, acostumava a donar aixopluc a pelegrins. Em va enviar aquell nouvingut en veure en ell un home digne i interessant que animaria la meva vetllada. Després de que rebés l'acostumat aiguamans[21] i tastés una mica del nostre consistent brou abans de que li portessin unes llisses fetes a la graella, vaig escoltar admirat que citava sovint un llibre del gran filòsof Lucius Anneus Sèneca, l'intel·lectual més sol·licitat per l'alta societat romana. Semblava ser que el caminant en qüestió havia pogut llegir les *Cartes a Lucili* en la seva estada a Roma, d' on tornava de peregrinatge, i la seva bona memòria repetia sentències que van quedar a la meva ja per sempre.

-...*Què importa quant tingui un a les seves arques, quant als seus magatzems, quant ramat criï o quins interessos guanyi, si està pendent de l'aliè, si no porta els comptes del que ha adquirit sinó del que pensa adquirir? Vols saber*

---

[21] Abans i després dels àpats, els servidors rentaven les mans dels comensals. Generalment es feia servir una gerra, una bacina i una tovallola, i l'aigua era sovint perfumada amb essència de roses.

quina és la mesura de les riqueses? Primer tenir el necessari, i després el suficient.

Raó en tenia aquell home. I jo veia convenient la seva sàvia presència al castell, a prop meu. Per sort, el mal temps el va retenir amb mi, i jo, egoista, fruïa de la seva companyia. Mentre el vent xiulava salvatge a l'exterior, mentre la neu i el fred s'ensenyorien, la llar de foc i les paraules d'aquell convidat que es feia dir Norbert escalfaven l'ambient. Vaig confiar-li els més íntims pensaments, els més terribles dubtes en quant a la condició humana, dubtes que encara tinc però que aleshores podia veure'ls d'una altra manera. Em confortava la seva càlida i pausada veu amb sempre a punt la millor paraula. Em meravellava l'haver conegut a un ésser humà així, amb aquella qualitat a la seva ànima, pacífica, bona en essència.

La perllongada estada de molta gent a les sales i les cambres del castell per causa d'aquell temps del dimoni provocava sovint petites disputes, discussions banals que a vegades s'enfortien arribant al caire de baralla. Ell apaivagava els ànims de qualsevol, perquè amb la seva sola mirada l'ira s'esvaïa. Vaig tenir ocasió de sentir el contacte de la seva mà en la meva i s'hi desprenia quelcom estrany, quelcom d'un altre món. M'ho va confessar: Nostre Senyor li havia atorgat la facultat d'alleugerir el dolor amb només una imposició de les seves mans. Durant el seu viatge a Roma n'havia tingut moltes d'oportunitats de emprar aquell do, i ara, al castell, també va tenir l'oportunitat de guarir en part els mals d'alguns que es queixaven de dolor a l'esquena o de molèsties als ossos per ferides mal curades.

Però a mi em preocupava més el dolor espiritual que el físic. Un dolor que jo sentia que se m'acostava perillosament. Era tanta la felicitat que la meva vida em duia que temia la pèrdua d'aquell estat, d'aquella tranquil·litat. Tot al meu voltant era calm, i ni els aiguats ni les pèrdues a les collites feien que m'enfonsés. Jo sempre tenia a punt una paraula de consol per a qui ho necessités. Sempre creia que la terra i el temps al final m'afavoririen, que Nostre Senyor seria pròdig amb mi. Aquella era una època en la que vàrem tenir que ser més mesurats en l'ús d'ingredients cars i difícils d'aconseguir, època en la que s'anul·laren els banquets i el convidar; s'apaivagaren els excessos i els dispendis.

L'amor de la meva estimada esposa em proporcionava una gran felicitat, però tot i així els dubtes van anar arrelant-se en mi a mida que passava el temps, un temps en què els nostres fills creixien com arbres forts, i al meu voltant, a banda d'ocasionals problemes, tot era harmoniós. Van ser uns anys de plenitud fins que el neguit aquell de dins meu va esclatar finalment, i no per motius estranys, no per la inconstància de la meva ànima, no per un caprici o avorriment de la felicitat, no. La mort se m'enduia l' Ermengarda. La mort se m'enduia una part de mi mateix.

Va marxar lentament. Es fonia com un ciri, essent els seus reguerons de cera les meves pròpies llàgrimes damunt l'estimada. No va servir de res cap tractament, perquè tan aviat com millorava, de seguida tornava a recaure. Vaig fer collir raïm gran per coïr-lo fins a la consistència de mel, doncs refredat era bo per l'estómac, del que ella es queixava sovint. Vaig fer venir curanderos de Lleida i metges de Barcelona, però tot era en va. La seva agonia va ser la meva pròpia, i el seu sospir final el meu propi darrer sospir. Quan vaig veure que algú li tancava els ulls vaig tancar jo els meus propis, i vaig caure sobre el seu cos encara calent i tendre, un cos que ja no responia als meus crits.

Encara sento aquell dolor, i més ara que l'escric i el recordo i l'escolto bategar dins meu. Veieu com ara no hi ha res més que la meva pròpia desgràcia? Veieu, els que em llegiu, com desapareixen la meva infància, els meus records, la meva joventut, les anècdotes vanes de la vida? Veieu com desapareixen de cop i volta per donar pas al sentiment més profund que pot sentir un ésser humà, la pèrdua?

...Creu-me, la millor part dels nostres ésser estimats roman al nostre costat encara que a ells ens l'arrabassi l'atzar. El temps passat és nostre, i res és a lloc més segur que el que ja ha estat.

. *..És propi d'un esperit inhumà oblidar-se dels seus i enterrar el seu record junt amb el seu cos, ser malgastador en el plany però avar en el record. És així com les aus i els animals estimen als seus: el seu amor és concentrat i apremiant, però s'esvaeix per complet al perdre'ls. No és això el que convé a l'home avisat: ha de perseverar en el record i deixar-se de planys.*

Així parla Sèneca. I em consolen les seves paraules.

15

La mort de l' Ermengarda va donar pas a un estrany dol. De primer em vaig trobar amb la incredulitat, amb la negació del fet. Després, la meva aflicció, que jo creia inconsolable, era apaivagada per dones que em visitaven a la meva cambra on jo bevia fins a perdre el sentit. No sé exactament quant de temps vaig passar d'aquella manera, però vaig aturar-me, tal vegada al comprendre que tot allò embrutava, ara ho sé, el meu esperit.

La disbauxa va donar pas a la reflexió, i així vaig decidir retirar-me per un temps al monestir de Sant Miquel del Fai, allà on el silenci i la companyia dels meus vell amics segur em farien bé. Vaig deixar el castell a les mans del meu fidel Joan. Els meus fills... què he de dir dels meus fills? Ho van entendre com han entès totes les meves decisions, com entenen ara que aviat moriré i que això que escric no és res més que tractar d'aturar una mica el temps a les meves mans, a les meves pròpies paraules damunt d'aquest paper.

Vaig abandonar sense recança les preocupacions que em podien ocasionar els assumptes públics, les notícies que m'arribaven de revoltes, lluites, excomunions, raptes... I la vida monàstica em va dur una pau interior que ara mateix envejo quan em neguiteja la presència de la mort. Allà els dies transcorrien plàcids i serens com les aigües, com aquell paisatge que tinc ben present a la memòria, tot i que aquesta a vegades em falla. Deixava enrere la disbauxa, alguns moments d'excés i els records que eren per entre les parets del castell, sovint fredes. Ara, però, que hi torno a ser, les veig acollidores, i a la meva cambra m'hi trobo reconfortat, ben acompanyat per les brases d'un foc que mai s'apaga. A fora sé que hi han les gelades i la boira baixa que els matins remunta la vall. A fora sé que és hivern, però les meves flassades costoses fan un ambient càlid que m'embolcalla, protector.

A la meva tornada al monestir de Sant Miquel vaig poder gaudir dels moments que el treball amb els manuscrits em proporcionava, voltat de la remor de fons de l'aigua estimbant-se, boja, per les muntanyes.

I en aquells dies el germà Lluci ja era un vell que s'hi veia molt poc, però que tenia encara lúcid el cap i la memòria sempre a punt. Quan vaig entrar a la cuina per primer cop en tants anys, no vaig poder evitar el somriure davant d'aquella figura que s'inclinava cap al foc per remoure i tastar després. Segons m'havia dit el pare prior, mai confonia cap ingredient ni cap espècia malgrat la seva manca de visió. De tota manera, però, era convenient pensar en qui podia substituir-lo. Cap dels monjos no manifestava interès per aquella tasca, i si, Déu no ho volgués encara, el germà Lluci els deixava, algú, a la força, se n'hauria de fer càrrec. Però de moment encara era allí, dret i amb una gran cullera a la mà. En cridar-lo i sentir la meva veu, va saber qui era de seguida, i tot deixant l'estri dins l'olla va fer-me una gran abraçada.

-Arbert, fill! Quina alegria de tenir-te aquí!

Era ben cert que se n'alegrava, i la seva sinceritat va desfer el nus del meu coll. I quan els meus sanglots minvaren, vaig seure. Davant meu, sobre la taula, i malgrat la boira que el plor havia deixat als meus ulls, vaig veure una gran fogassa, un tros de formatge i un got que s'anava omplint de llet. El germà me la oferia:

-Beu, que encara és calenta.

Era com si un altre cop tornés a la infància, i més encara quan en aquell moment entrava per la porta en Sanç. Teníem moltes coses a dir-nos, moltes coses per parlar, i encara que aquella mateixa tarda vàrem enllestir bona part a tota pressa per la il·lusió de la retrobada, no per això els dies següents hi van haver poques paraules entre nosaltres, ben al contrari.

Ja instal·lat i amb la rutina diària dels monjos assumida de nou, vaig decidir acompanyar a en Sanç a fer una visita a la seu de Vic, on era obligat el pas per l' *scriptorium*, per la seva assortida biblioteca. Aleshores era dirigida per Ermemir Quintila, qui estava dedicant tota la seva vida al projecte, produint molts llibres i instruint a molts clergues per a que la seva tasca continués durant molts anys. La meva intenció era adquirir algun exemplar de l'obra de Sèneca, doncs desitjava saber més d'aquell autor que em fascinava. Ara mateix no aconsegueixo recordar quantes monedes em van demanar pel manuscrit, potser més de l'habitual, però les vaig donar per ben emprades quan ja a la meva cel·la vaig posar-me a llegir.

Amb els oficis diaris i la companyia dels monjos del monestir de Sant Miquel no hi pensava gaire en el fet d'haver deixat el castell i les meves obligacions. El batlle i el cavaller Joan tenien tota la meva confiança i sabia que actuarien amb justícia. A més, les possessions no ho són tot en aquest món, i així ho havia deixat dit el mestre Sèneca: *"Totes les obres dels mortals estan condemnades a la mortalitat. Vivim entre coses peribles".*

Allunyat dels meus béns tractava d'oblidar la mort de la meva esposa i em passava hores a l'església. Sovint ni tan sols resava, doncs de cop i volta m'assaltava la imatge dels meus fills, que sabia ben cuidats, però també del meu abandó. Llavors m'asseia a qualsevol banc i escoltava la remor dels salts d'aigua propers; m'embadalia amb el sostre de roca de la capella i reflexionava en la conveniència de tornar al meu feu, del qui no m'arribava cap notícia.

No vaig saber fins temps més tard que uns bandolers havien assaltat el pati d'armes ferint als cavallers de guàrdia. Pretenien raptar una de les joves donzelles que havien entrat al nostre servei feia poc temps, però abans de que entressin a les dependències de la servitud, el moro Mohammed va aturar-los. Feia anys que no feia servir l'espasa, però el seu maneig mai no s'oblida, i més encara si era per defendre l'honra de les dones, encara que fossin infidels. Però tot i la seva destresa, un sol home era massa poc contra quatre i, per sort, el cavaller Joan va entrar en escena.

Detinguts els bandolers, van romandre a la presó fins a la meva tornada. En Joan va prendre bona nota d'aquella bona acció d'en Mohammed, i per això va rellevar-lo de les seves feines als estables i la baconera per tal de vigilar en una de les torres de guàrdia, una feina més neta i més digna, com ho havia estat el seu comportament.

16

Un matí vaig sortir de la meva cel·la i vaig posar-me a caminar. La boira no em deixava veure el camí a seguir, però tant m'era a mi, que caminava d' esma. No sabia ni si pujava ni si baixava, i ni tan sols m'espantava la idea d'estimbar-me per un barranc, doncs la idea de la mort no era pas un pecat en aquell moment, ben al contrari. La meva tristor era tanta que aturava qualsevol voluntat, qualsevol iniciativa amb seny. Només les meves cames actuaven, aleshores, conduint-me, fent-me vagar. Podia sentir els batecs del meu cor que volia acabar amb aquell dolor, que volia trobar quelcom en el que creure de veritat. Em semblava que els roures i que les alzines mormolaven; que les garses que niaven a les capçades dels pins em miraven al passar i que els esquirols s'amagaven als seus caus en veure'm. Caminava no sabia cap a on, i no pensava en res més que l' Ermengarda. I vaig començar a cridar que em vingués a buscar, que jo sabia que ella m'escoltava. Cridava amb la plena esperança de ser escoltat, amb la confiança de que ella baixaria com un àngel del cel i recolliria les engrunes que de mi quedaven. M'adonava llavors que la meva vida sense ella havia estat només existir: menjar i beure, treballar sense descans i dormir, que era l'únic que de veritat agraïa, doncs m'alliberava per un temps de la feixuga càrrega de viure sense un motiu. Però jo cridava i ella no venia.

Va començar a ploure discretament. Semblava que el cel respectés el meu plany i que no volgués destorbar massa. Però transcorreguda una estona va decidir que el meu dolor no era tan important i començà a descarregar fort. En un principi no vaig adonar-me'n, però el sentit comú va fer que apressés el pas i cerqués refugi. Aviat vaig veure una cova, a l'entrada de la qual hi havia una font d' on l'aigua brollava abundosa. Ajupint-me vaig entrar i vaig deixar de sentir la pluja a sobre meu. S'hi veia llum, al fons, i poc a poc vaig acostar-me.

-Ja m'havien dit que arribaria... –vaig sentir que deia algú.

No vaig respondre res, encara que més aviat per vergonya que no pas per la sorpresa de trobar algú allà. I quiet, em vaig quedar on era, sense atrevir-me a fer un pas endavant o marxar d'aquella cova.

-Hi ha brou calent, segur que li anirà molt bé –va continuar dient aquella veu.

Llavors vaig fer unes passes endavant, cap a on la cova es bifurcava. Triant la vessant de la dreta vaig veure per fi a un home, a un eremita de qui mai no en vaig saber el nom, que lluïa una espessa barba negra amb uns flocs de cabells blancs. Era assegut a sobre d'un munt de palla i em mirava amb ulls vius, d'un blau com mai n'he vist. Remenava una olla petita que fumejava.

-Aquí n'hi haurà prou pels dos –va assegurar.

Vaig fer cas sense dir ni paraula, acceptant la flassada que m'oferia per escalfar-me, i durant una bona estona vàrem estar els dos sense dir ni ase ni bèstia, mentre ell remenava i jo mirava com ho feia. Però aviat va trencar el silenci.

-Ja és a punt. Mengem?

No era qüestió de dir que no després de la flaire que d'allà es desprenia i després d'haver caminat sota la pluja. A més, va resultar ser un brou de verdures deliciós que em va fer mirar amb molt bons ulls al seu cuiner. En acabar, va agafar el ciri que il·luminava la cova i em va fer acompanyar-lo cap a una petita estança.

-Espero que estigueu còmode aquí –va dir tot assenyalant una mena de cau estret i fosc.

-No pensarà pas que passaré la nit en aquest racó... –vaig objectar.

-Aleshores penseu en tornar al monestir?

-Però, per Déu, com sabeu vós...?

-Ells m'ho van dir, ja li he dit abans. –Dient això l'eremita assenyalava amb el dit cap el sostre de la cova.

-Ells? Qui són ells? –preguntava jo, ben estranyat. Però ell es va limitar a somriure i a demanar-me si volia més flassades per passar la nit.

La veritat era que en quant vaig sortir del monestir no tenia ni la més mínima idea ni de cap a on aniria ni quan tornaria. El meu destí era incert i la meva voluntat era subjecta a qualsevol esdeveniment. Donades les circumstàncies, si aquell vell em deia que passaria allà la nit doncs alabat sia Déu perquè no havia de dormir al ras.

Però a mitjanit em van desvetllar els malsons. Veia a la meva difunta estimada al fons d'un passadís ple de llum. Em cridava i m'allargava la mà, però jo, que era a l'inici del passadís, no arribava, no podia arribar a ella perquè la llum em cegava, m'escalfava els ulls. L' Ermengarda continuava cridant el meu nom: Arbert, Arbert! I jo desitjava que no em cridés més, que no allargués la mà cap a mi perquè no podia arribar al final d'aquell maleït passadís.

Vaig despertar ple de suor, espantant-me perquè no sabia on em trobava. Però en aixecar-me i posar la mà a la freda paret de la cova em vaig tranquil·litzar i vaig tornar a jeure pregant a Déu que em deixés dormir en pau. Però el meu càstig encara havia de continuar durant aquella estranya nit.

Al següent somni em trobava caminant per la sendera que conduïa al castell. No hi havia res que em pogués espantar ni molt menys. Allà només hi havien els arbres en renglera, les flors que creixien als meus peus, l'herba verda. Però dins meu podia percebre una estranya angoixa, un estremiment al cor, un calfred per tot el cos. Continuava caminant sense apressar el pas tot i les sospites de que quelcom anava malament. I de cop i volta vaig mirar enrere. I un home que reia era a prop meu, avançant cap a mi, però no anava de pressa ni corria, només caminava amb aquell aire de seguretat, aquell somriure de qui sap que aconseguirà els seus fins. Per la meva part vaig tornar a mirar cap a endavant, tractant de dissimular la meva angoixa, però el que de veritat volia era fugir, amagar-me a corre-cuita. Sabia, però, que aquell home m'aniria al darrere, i dins meu podia sentir la revolta dels sentiments, d'aquells que deien que em parés, que fes mitja volta i m'enfrontés amb ell si el que volia era baralla. Però per una altra banda tenia la impressió de que jo no venceria en aquella lluita perquè ell no era un home qualsevol, amb punts febles, sinó que era el Desconegut, Aquell que ningú no ha vist mai.

I amb aquella lluita al meu interior vaig continuar caminant sabent-lo a ell al darrere, sentit a intervals aquell riure esgarrifós. M'apropava al castell i només pensava en fer-lo apressar. I ja assaboria la victòria quan vaig veure que no hi havia cap guarda a les portes i que aquestes eren obertes i ningú no feinejava al pati. El castell era desert, i jo caminava amunt i avall, obrint portes i tancant-les veient-ho tot buit i sentit darrere meu aquell riure, oh Déu meu, aquell riure que em clavava la més horrible por a les entranyes.

I vaig despertar. La clemència del Senyor m'arribava per fi.

En llevar-me, l'eremita m'esperava a l'entrada de la cova amb un bol de llet calenta que vaig beure d'un sol glop. El sol sortia tímidament rere els arbres, però jo no tenia altre pensament que pel record d'aquells terribles somnis. I vaig parlar-l'hi, perquè no tenia a ningú més, i dels meus malsons vaig passar a relatar com m'havia sentit el dia de la mort de l´Ermengarda, com havia tractat de fer passar el meu dolor, com l'havia tractat de negar per tal de no sofrir més del que ja sofria, en especial quan veia als meus fills. Ell m'escoltava en silenci, i jo em sentia alleugerit.

El matí va passar molt ràpidament. L'eremita havia d'anar a collir a l'hort i vaig anar amb ell per tal d'ajudar-lo. Però a vegades, mentre ell era ajupit agafant les cols que cultivava, jo m'aturava i em deixava dur per l' olor de la muntanya, pel silenci només trencat per algun ocell. Vaig començar a desitjar sentir la remor de l'aigua, veure de prop els salts, perdre'm dins la foscor de l'església de Sant Miquel. I tal i com ho sentia li vaig dir a l'eremita, però ell va replicar:

-Però encara no és el moment. Encara no.

No hi havia res a discutir, amb ell. Em sentia totalment a les seves mans, lligat a la forma amb que arrossegava cada paraula, convençut de que ell era en possessió de la veritat.

Per la tarda vaig ajudar-lo a munyir les cabres, i encara que érem a prop no creuàvem cap paraula. Ara sé que el seu silenci era degut a la necessitat que jo tenia d'escoltar-me a mi mateix, d'escoltar aquella veu que tots tenim a dins i ens recrimina quan fem alguna cosa malament, la que ens aconsella que és millor, la que ens diu les veritats. I vaig tenir ocasió d'escoltar-la, perquè em sentia un traïdor si torbava el silenci de l'eremita, la calma que transmetia tot i no parar de treballar. Jo havia tractat de trobar aquella pau al monestir, però per un costat o un altre sempre hi trobava algú amb qui aturar el meu diàleg interior. Sempre hi havia qualsevol germà disposat a parlar, sempre hi havia en Sanç al meu costat per fer-me oblidar les preguntes que m'havia fet a la nit i de les quals pensava trobar resposta al matí. Sempre hi havia qualsevol excusa per a no escoltar el que hi havia dins meu.

Aquell dia vaig refusar el menjar que l'eremita em va oferir. Mai havia fet una cosa semblant, però va ser com una necessitat, com una condició. Al dia següent, encara que em sentia temptat d'agafar una de les llesques de pa que hi havia a la taula, vaig dir que no. Volia tant de repòs en mi que fins i tot volia fer descansar la meva panxa, aquella que tant havia treballat en els darrers anys amb les viandes més exquisides. Però a la nit, l'eremita es va arribar fins al racó on jo ja descansava, el va il·luminar amb la seva espelma i li vaig veure la cara resplendent, els ulls brillants com mai no els hi havia vist.

-Mengeu aquest pa –va dir. I jo vaig estendre la meva mà per agafar-lo i el vaig menjar a poc a poc, assaborint-lo, i el seu gust era més bo que cap plat dels que havia menjat mai: aquella llesca era millor que els paons farcits de panses i cansalada magra, millor que les perdius tendres, que la llebre amb salsa de mostassa, que els faisans amb salsa de llet de cabra; millor que els ous amb gingebre i l'oca a l'ast amb castanyes.

-I ara beveu d'aquest vi.

L'eremita de qui no sabia el nom va allargar-me una copa de fusta amb un vi que superava el vi de Còrsega. I envoltat per la llum de l'espelma vaig veure com somreia, o al menys això em va semblar. Desitjant-me una bona nit va sortir enduent-se la llum, però aleshores la meva cova ja no era a les fosques: jo mateix l'il·luminava. Després d'aquell frugal sopar em sentia lliure de càrregues, lliure de la culpa que m'havia cremat a l'ànima des de feia molt de temps. Perquè jo havia cregut que la mort de la meva esposa havia estat culpa meva, que no havia fet prou per tal de tenir cura d' ella, que hauria pogut fer cridar al millor metge estranger. M'havia culpat del temps en que no vaig ser al seu costat, m'havia culpat de tantes coses que no vaig tenir temps de donar-me una mica de repòs, d'acceptar el fet i veure una mica més enllà que no fos jo mateix.

A l'endemà ja era un altre home. I vaig cercar l'eremita però no el vaig trobar. Volia donar-li les gràcies oferint-li unes terres al terme del castell, però ell no va aparèixer, ni tampoc les seves cabres ni els seus estris. Vaig esperar un dia i dos més, però no tornava. Fins que a la fi vaig comprendre que ell esperava la reacció que jo havia tingut: oferir-li terra, monedes, un mas, sí, però allunyar-lo de la muntanya que ell estimava, dels arbres que veia cada dia, de la seva pau. Segurament coneixia els homes poderosos com jo que sempre ens sentim inclinats a regalar allò que ens sobra, i a ell no li calia res de tot això. Penso que per tal de no ferir-me va estimar-se més marxar fins que jo ho comprengués.

No sense recança vaig deixar la cova i el bosc. M'hauria agradat acomiadar-me d' ell però no hi va haver ocasió. Beneït sia, allà on es trobi.

No va ser difícil trobar el camí cap al monestir, i de seguida vaig arribar a la sendera que duia a l'ermita de Sant Martí. Des d' allà ja només era qüestió de seguir vorejant fins a arribar a la gran cascada, tot passant pel seu interior. I allà m'hi vaig quedar una estona per veure com el salt d'aigua del Tenes queia amb força, deixant anar espetegades d'escuma als seus peus. De bell nou era a Sant Miquel.

La primera cosa que vaig fer va ser cercar a en Sanç, que era al celler acompanyat d' algú a qui no esperava veure mai més a la vida: en Norbert, el pelegrí que estimava les paraules del savi Sèneca i que havia decidit establir-se a la comarca després d'anys de viatges per Terra Santa.

Vaig començar a creure en un nou començament; potser arribava a atènyer quelcom semblant a la saviesa.

Aquella estada al cenobi va durar gairebé un any, i em va donar forces per a continuar la meva tasca al castell; forces per veure a la cara dels meus fills els trets de la meva esposa morta i no enfonsar-me. Em sentia com els camps en guaret, deixats reposar un any per tal de tornar a adquirir fertilitat.

17

Sé que he omès alguns passatges de la meva vida que no recordo amb claredat: són ombres difuses, reflexes fugissers al llac de la memòria. Tal vegada hauria de concentrar-me i tractar de cercar altres aspectes que puguin ser d'interès per a qui algun dia pugui estar llegint aquests fulls, però no tinc temps. La nit m'apressa perquè l'albada aviat tornarà, i aquesta potser decidirà endur-se'm. No, no puc confiar gaire en el temps, no puc refiar-me de la misericòrdia que ha tingut amb mi fins ara. He viscut masses anys. He vist masses conflictes, he sabut de masses baralles per la terra i per l'honor. He vist morir la vida i néixer la mort. He vist com el cel ofegava la terra i com poc després l'omplia de fruits i de bells colors fent oblidar la dissort anterior. He vist com un home era capaç d'ofegar amb les seves pròpies mans i com donava de menjar a un petit ocell ferit. He sabut de raptes i de repudis, d'incests. He jugat a escacs amb els més rics barons, he preparat banquets dignes del comte de Barcelona, he mantingut conversa amb dones agradoses. He vist l'odi als ulls i he tocat l'amor amb les mans. He comprès i he menyspreat. He fugit i he trobat.

L´últim mercader que va visitar el castell em va dir que la fi del món era a prop. El pobre boig volia desfer-se de totes les seves mercaderies el més aviat possible perquè no volia que la fi li agafés desprevingut.

-Posi en ordre els seus assumptes, senyor! –em deia, essent el seu to sincer i carregat d'emoció.

Jo, que mai he cregut en aquells que deien endevinar el futur, vaig preguntar-li que d' on havia tret aquella suposició, però no vaig treure res en clar. Al menys, gràcies a les seves preses per liquidar, el meu fill Bernat va fer un bon negoci adquirint unes teles fines de seda, vànoves primes, un gipó de camussa amb mitges mànegues i dos punyals a molt bon preu.

I potser sí que aviat arribarà la fi, però aquesta no em neguiteja. No, no em neguitegen pas els anunciadors de catàstrofes, els alarmistes que no confien més que en les seves pròpies pors.

I dels darrers problemes amb que m'he trobat han estat els provocats per un grup de captaires que es feien passar per pobres, per malalts. Van ser acollits als masos dels més misericordiosos i van viure a cos de rei durant una bona temporada. Però algú els va veure fent-se nafres i ferides amb herbes per tal de continuar la farsa, per tal de no haver de treballar i robar així l'almoina als veritables pobres. Van ser acusats de furtar, de maltractar animals, i el pitjor de tot, d'abusar de la filla d'en Conrad Adalbert. Van ser acusats i jo vaig haver de jutjar. A mort!, cridaven algunes veus, que segur eren de la família de la noia ultratjada. A mort!

Era clara la culpabilitat, eren clares les proves en contra. Nogensmenys no era fàcil condemnar, perquè és ben cert que no és el mateix jutjar quan només són els aspectes materials els que estan en joc. Una cosa és decretar la confiscació de béns del condemnat i la reducció d'aquest a esclau, i una altra és haver d'entendre els motius d'aquest per a assassinar o ultratjar. I encara que determinés la presó o la mort dels que jo o el poble creiem culpables, no quedava així la meva consciència tranquil·la, no. Perquè, qui sóc jo per jutjar ningú? La meva condició de senyor, de baró, m'ho imposa com una condició més, natural, com el fet d'exigir la prestació de serveis personals als homes del terme del castell o imposar els censos. Però el fet de decidir sobre la vida d'un ésser humà em situa fora d'aquest àmbit, em col·loca al costat de Déu. Les ordalies, però, deixaven que l'atzar resolgués les qüestions, un atzar dominat per la mà de Nostre Senyor omnipotent. Tant se valien els mètodes emprats, doncs bé són conegudes les dures proves que a vegades hem de passar a la vida.

Rumiava jo a la meva cambra sobre aquestes qüestions quan vaig decidir caminar una mica. En sortir vaig tancar la porta i vaig anar cap al pati, on podia veure com les estrelles poblaven aquell cel tan negre. Però un altre resplendor va ser el que em va cridar l'atenció, i aquest venia de la meva pròpia cambra: Flames! Foc! Resultava ser que, en tancar la porta, la finestra s'havia obert més del compte i havia tombat una espelma encesa. I l'espelma, ai las!, havia començat a cremar les fulles amb que jo treballava tractant de traduir els llibres litúrgics del llatí a la nostra llengua. No van servir de res els crits ni les pujades a corre-cuita dels servidors carregats d'aigua. No hi havia res a fer amb el meu treball ja perdut. Res que no fos lamentar-se o plorar.

Tal vegada van ser la meva pròpia confusió i la meva ràbia per la terrible pèrdua, les que van deixar-me dur pel que demanava el poble: Condemna, càstig, penitència. Els captaires s'acusaven els uns als altres, i cada dia que passava era més difícil l'esbrinar qui havia ultratjat la noia. Es feia necessari trobar el culpable, i així, els dos acusats van ser citats a la meva presència per tal de deixar resolt l'assumpte. Jo havia de decidir quin mètode seria el més adient: si el ficar la mà en una caldera d'aigua bullent per treure unes pedres o l'agafar un ferro roent: El primer que es guarís de les seves ferides seria l'innocent.

Vaig considerar també el triar el procediment de caminar sobre les braes, i potser, si és que la pell d'un d'aquells dos era el suficientment forta, la gent tindria al seu abast l'espectacle de veure un miracle, de veure com Déu no deixava que un innocent es cremés els peus nus.

Finalment vaig decidir-me pel primer procediment, així que es va disposar un bon foc al mig del pati d'armes per començar a escalfar una caldera amb aigua. Quan aquesta va començar a bullir, els murmuris dels meus vassalls van començar a créixer; l'expectació era total.

El primer acusat no va tractar de fugir ni de lliurar-se del dolor que ja imaginava. Al contrari del que s'esperava d' ell va apropar-se amb decisió ferma a la caldera mentre jo me'l mirava amb atenció. Aquell home, cellajunt i esprimatxat, murmurava per a si, potser alguna pregària. Anava acostant molt a poc a poc la seva mà fins que va tancar els ulls i ràpidament va ficar-la dins l'aigua bullent per treure un còdol. Ja estava fet. Vaig apropar-me per demanar-li la pedra que encara tenia a la mà. El mirava als ulls i llavors només trobava por. Por perquè no s'havia cremat. De totes maneres vaig fer que li emboliquessin la mà amb una tovallola, se l'enduguessin a la presó i fessin entrar a l'altre.

La figura grassa i malforjada del segon acusat s'apropava a la caldera per la força. Hi havien dos encarregats de subjectar-lo, ja que s'hi negava com si dins de l'aigua hi hagués el mateix dimoni. Cridava i maleïa, cosa que em feia pensar en la diferència amb l'altre acusat: Així, si aquell havia confiat en la misericòrdia de Déu perquè es considerava innocent i no es mereixia cremar-se, aquest temia la seva decisió, les cremades que el condemnarien. No semblava confiar en Déu perquè ni tan sols confiava en ell mateix. Les seves malediccions indicaven pobresa d'esperit, i la desmesurada por el feia poc digne d'indult.

Aquests pensaments van donar-me el veredicte: culpable. Nogensmenys vaig deixar que ell mateix es condemnés.

Com que no hi havia una altra opció que obligar-lo a ficar la mà dins la caldera, un dels meus homes va agafar-lo ben fort del braç i ell mateix li va ficar a dins. Al primer contacte dels seus dits amb l'aigua bullent va donar una forta estrebada i es va alliberar de qui el tenia subjectat. Mentre feia allò cridava: Si, he estat jo! He estat jo...! S'agenollà al terra i demanà clemència.

A l'hora nona del dia següent moria. No tots els culpables acaben per delatar-se, però aquell era covard i temia enfrontar-se al dolor.

18

No sé si algú llegirà aquests papers. Potser n'he omplert masses, potser no era necessari el fer-ho. Potser només els meu fills els llegiran, o potser només tindran en compte l'última part on incID els béns que els hi llego. No tinc cap certesa. Només la de la meva mort aviat. Sí, sé que serà aviat. Potser aquesta mateixa nit. Però aquesta certesa no m'angunieja, perquè he escoltat la meva pròpia veu interior i m'ha dit que tot està bé, que no m'he d'enfonsar en l'abisme de l'enyor on és la meva estimada Ermengarda. M'he comportat tal i com sóc jo mateix. No he tractat de canviar; he estat com he volgut ser perquè sé qui sóc. Ara sé que m'he refugiat en el record, i que ell mateix m'ha sostingut. La pròpia natura també ho ha fet. He mirat cada nit els estels i he sentit com el vent feia tremolar el meu cos. M'he banyat en les fredes aigües de l'estany i m'he sentit més viu que mai; m'he sentit a prop de la nit, a prop de la foscor, a prop d' ella... M'he sentit petit, com un gra de blat, i alhora gran, com Déu. La meva pròpia humilitat m'ha fet saber què era la saviesa. I l'he trobada? Llavors, l'he trobada?

He cridat enmig dels arbres, he pregat amb els peus nus sobre les pedres, enmig del murmuri de les fulles seques i voleiadores. He tractat d'escoltar les respostes a les meves preguntes allà on ningú no ho creuria mai. Valdria la pena acabar amb tot ara? Valdria la pena fer-ho? El dolor se'm clava a les entranyes i desitjo descansar, descansar amb pau. Potser si prengués moltes ametlles amargues... Amb un grapat ja començaria a tenir mal de cap i vertigen. Amb més... bé, no crec que sigui aquesta una bona opció, no ara que encara tinc algunes coses per dir. Però aquest dolor que em rosega per dins a vegades és més fort que jo. Aquest dolor fa que la meva mà tremoli i que aquest manuscrit es taqui per diversos llocs. Confio en que quan arribi el moment pugui ser ben entès, si més no, que qui el tingui a les mans comprengui l'esforç que suposa escriure en les darreres hores de la meva vida.

In incerto sum[22]. Començo a sospitar que potser no tornaré a veure més a en Guerau ni a en Berenguer: ambdós han sortit fa molts pocs dies cap a Terra

---

[22] Estic en la incertesa.

Santa. En Jacme i en Bernat han sortit de cacera: són els únics dels meus fills que veuré si és que arriben aviat, ja que na Blanca també és fora, servint al Senyor al monestir de Sant Joan de les Abadesses. Ni que la fes cridar de seguida perquè s'estigués amb mi fins a l'últim moment no arribaria temps. Ara ho sé que no, així que conservaré la calma en la certesa de la mort. Sí, aquesta m'arriba silenciosa però amb passes fermes. Prenc a petits glops una infusió de l'herba de Sant Ponç i la deixo baixar lentament pel meu coll, escalfant-me, tranquil·litzant-me.

El meu últim àpat ha consistit en un espès brou de gallina que m'ha reconfortat l'estómac. Res més. Enrere han quedat ja els capons, els senglars. Enrere han quedat els faisans girant a l'ast, el suc que desprenien, la flaire que deixaven enganxada a la cuina. I enrere també queden els farcits d'alls i panses, de cansalada. Enrere els ous amb gingebre, el peix fregit amb llet d'ametlles, els flaons... Tot ja és record per a mi, però tot i que se m'ha recomanat sobrietat, no he pogut deixar de paladejar després del brou una gran copa de vi negre. La darrera copa.

I perquè malgrat tot sé que hi ha la possibilitat de que tots els meus pensaments s'oblidin i siguin presos com fruit del deliri d'un vell repapiejant, donaré pas a adjuntar a aquest manuscrit un altre amb els béns materials que llego al monestir de Sant Miquel del Fai, un lloc que espero sempre sigui el recés de pau i benestar que tant de bé m'ha fet. I ara, com a últimes línies, passo a citar els béns que correspondran als meu hereus, uns béns que sé que aviat seran molt més valuosos que no pas les meves paraules. No tracto d'enfonsar-me en pensaments pessimistes; simplement sóc conscient de la realitat, de la veritable i materialista condició humana. Sí, sóc conscient, perquè *ita vivam, ut scio*[23].

Així, amb l'ànim i l'esperança de que els meu fills enforteixin els seus esperits amb les responsabilitats pròpies de la seva condició, passo a escriure aquí el meu testament:

---

[23] Mentre visc, sé.

El castell, amb les terres que comprèn, cultivades o ermes, les esglésies, delmes i primícies i oblacions de vius i difunts, les cases, els corrals, les vinyes, els arbres fruiters i no fruiters, els boscos, els estanys, els camins, les aigües, el molí, els prats i pastures, a més de:

> *V egües,*
>
> *II ases,*
>
> *X porcs,*
>
> *XXX ovelles,*
>
> *II bous,*
>
> *III vaques*
>
> *I vedell*
>
> *II esclaus,*

teles fines, la vaixella major i menor, tot estri que es trobi a la cuina, els segells i CVII mancusos d'or seran per al meu primogènit Bernat.

Els meus llibres i tot el que es trobi en forma de llibre a més de l'anell de la meva difunta esposa Ermengarda i X mancusos seran per a la meva filla Blanca.

La meva espasa, la millor cota de malles, II pells, I sella, I escut i X mancusos per al meu fill Berenguer.

I espasa guarnida, I capa, l'anell d'or amb pedra de safir i X mancusos per al meu fill Guerau.

I punyal, I pell vermella, I peça de llana, I llança i l'Agnus Dei d'argent i X mancusos per al meu fill Jacme.

I ara que crec que deixo en bones mans tots els meus béns m'encomano des d'ara a Nostre Senyor, doncs ja puc veure des del meu llit la llum salvadora que se m'acosta, i veig també ombres que em tendeixen la mà. Veig la llum i no m'angunieja, i escric aquestes paraules perquè *scripta manent*[24] però m'he d'aturar perquè la meva estimada Ermengarda se m'acosta i em somriu. Molt dolçament em somriu...

---

[24] Les coses escrites romanen.